쏙쏙! 머리에 들어오는 한자, 척척! 붙는 한자능력검정시험!

재미있는 원리로 배우는
한자능력검정시험

6급

(6급 Ⅱ 포함)

이수철 편저

정진출판사

이 책의 특징과 활용법

우리는 지금 21세기의 급변하는 글로벌시대를 살고 있습니다. 특히 한반도가 자리한 동아시아에서 한자는 역사나 문화의 영역을 넘어서 정치·경제사회, 그리고 최첨단 정보사회로까지 그 영향력을 확장하고 있습니다. 많은 부분이 한자로 기록되어 있는 우리의 역사를 알기 위해 우리는 한자를 배워야 합니다. 거기에 더해 급속히 세계의 중심이 되어가고 있는 한자문화권의 주역이 되기 위해서도 우리는 결코 한자를 외면할 수 없습니다.

이제 우리에게 한자는 더 이상 선택과목이 아닙니다. 그런데 우리의 현실은 어떠한가요? 고등학교를 졸업하고도 자기 이름자나, 어머니 아버지의 성함조차 한자로 쓰지 못하는 사람들이 많습니다. 우리의 이 부끄러운 신문맹(新文盲)의 정도는 진정 우려할 만한 사태입니다.

신문맹을 떨치고 일어나 글로벌 경쟁력을 다지기 위한 한자의 필요성은 미래를 살아갈 젊은 세대들이라면 누구나 인정하는 터. 더구나 한자를 알면 중국어나 일본어도 70% 이상 습득한 셈이라는 말도 있지 않은가요? 그렇지만 숨 가쁜 현대를 살아가는 우리에게 옛날 서당식으로 무조건 외우는 한자 습득방식은 적합하지 않습니다.

먼저 인간의 두뇌 구조부터 살펴봅시다. 우리의 두뇌는 좌뇌와 우뇌로 되어 있습니다. 문자나 언어는 좌뇌가, 그림이나 음악은 우뇌가 맡습니다. 부수나 획이 복잡한 한자는 물론 좌뇌가 담당하는 영역입니다.

한자는 영어 알파벳이나 일본어의 가나 등과는 달리 그림문자입니다. **문자를 그림으로 인식하는 방법을 익혀 우뇌도 함께 학습에 도움이 되도록 한다면 보다 쉽게, 그리고 재미있게 한자를 익힐 수 있습니다.**

뜻글자인 한자를 도움말을 이용해 어원으로 접근하고 그림으로 이해하도록 꾸며진 이 책의 특징은 다음과 같습니다.

컴퓨터로 분석한 출제빈도 높은 활용어 정리

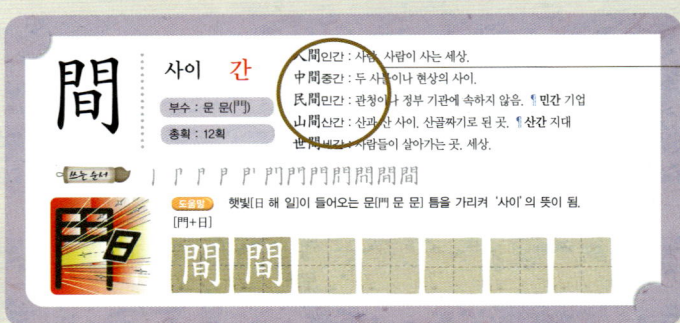

○ 그동안 출제되었던 용례들을 컴퓨터로 철저히 분석하여 가장 빈도수 높은 활용어를 중복 없이 풀이와 함께 수록하였다.

한눈에 들어오는 짜임새 있는 편집 체재

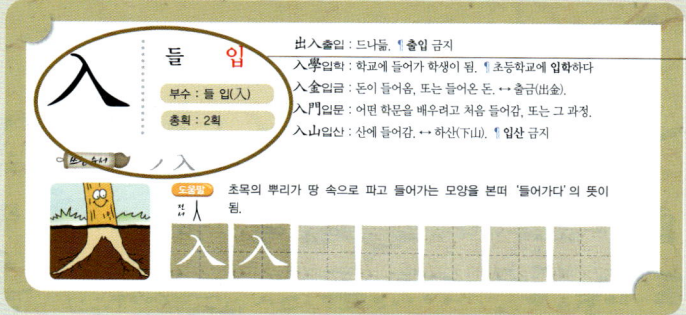

각 한자에 대한 음훈·부수·총획수·필순 등을 한눈에 알아볼 수 있도록 짜임새 있게 정리하였다.

재미있는 한자의 구성 원리를 그림과 함께 해설

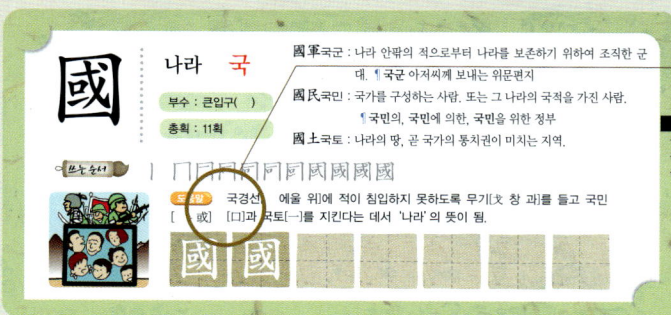

뜻글자인 한자를 도움말을 이용해 어원으로 접근하고 그림으로 이해하도록 하여 한자를 보다 쉽게, 그리고 재미있게 익힐 수 있도록 하였다.

한자를 쓰면서 익힐 수 있도록 연습란 구성

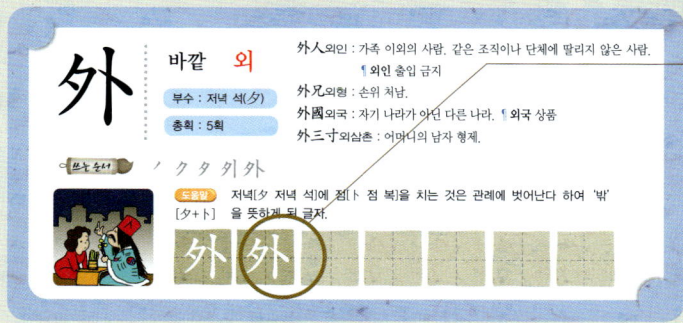

한자를 익히기 위한 가장 좋은 방법은 눈으로 많이 보고 또 자주 써 보는 것이다. 원리와 함께 배운 한자를 완전히 익힐 수 있도록 연습란을 구성하였다.

기출 및 예상문제 5회분 수록

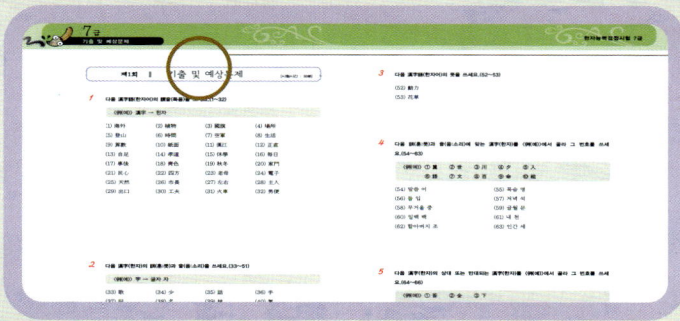

그동안 출제되었던 문제들을 철저히 분석하여 시험에 완벽하게 대비할 수 있도록 출제 예상 가능한 문제를 5회분 수록하였다.

한자능력검정시험 안내

한자능력검정시험이란?

한자능력검정시험이란 사단법인 한국어문회가 주관하고 한국한자능력검정회에서 시행하는 제도로서, 학생과 일반인들의 진학과 취업에 대비하여 평생학습의 하나로 익힌 한자능력을 객관적으로 평가, 인정받을 수 있는 길을 마련하여, 공공기관이나 기업체의 채용시험, 인사고과, 대입 수시모집 또는 각종 자격시험 등에 활용할 수 있게 하는 시험입니다.

한자능력검정시험 안내

주 관 : 사단법인 韓國語文會(한국어문회 ; 서울특별시 서초구 서초1동 1627-1 교대벤처타워 501호, ☎ 02-6003-1400, 팩스 02-6003-1441)

시 행 : 韓國漢字能力檢定會(한국한자능력검정회)

시험일정 : 연 3회
 ○교육급수는 4급~8급, 공인급수는 1급~3급Ⅱ.

응시 자격
 ○1급~8급 → 전 급수 응시 제한 없음. 각자 능력에 맞게 급수를 선택하여 응시.

접수방법
- **인터넷 접수(www.hangum.re.kr)** → 사전에 인터넷 접수 회원으로 신규지원 등록한 후, 인터넷 접수 기간 중 지원 급수와 고사장을 선택하고, 신용카드 및 계좌이체 방식으로 결제하고 수험표를 출력함.
- **접수처 방문 접수** → 준비물 : 반명함판 사진 3매(3×4cm), 한자 성명, 주민등록번호, 전화번호, 우편번호, 정확한 급수증 수령 주소(잘못 기재 시 급수증이 반송됨), 응시료(현금).
- **우편 접수(1급 지원자만 가능)** → 접수처 방문 접수 준비물, 검정료 우편환 영수증을 동봉하고, 희망 1급 고사장을 명기하여 등기우편으로 발송. 주소 : (137-879)서울특별시 서초구 서초1동 1627-1 교대벤처타워 401호 한국한자능력검정회 1급 접수담당자

시험 준비물 : 신분증(중·고생은 학생증 지참, 초등학생·미취학아동은 건강보험증 또는 주민등록등본 지참), 수험표, 검정색 필기구(볼펜 또는 플러스펜)
 ※연필과 빨간색 펜은 절대 사용 못함.

시험 응시료

구 분	1급	2급, 3급, 3급Ⅱ	4급, 4급Ⅱ, 5급, 6급	6급Ⅱ, 7급, 8급
응시료	35,000	18,000	13,000	12,000
인터넷 접수 응시료	36,800	19,300	14,100	13,000

○ 창구 접수 응시료는 원서 접수일부터 마감시까지 해당 접수처 창구에서 받음. 인터넷 접수 응시료는 기본 응시료에 1급은 1,800원, 2급~3급Ⅱ은 1,300원, 4급~6급은 1,100원, 6급~8급은 1,000원의 접수 수수료가 추가됨.

급수 배정

급수	읽기	쓰기	수준 및 특성
8급	50자	없음	미취학생 또는 초등학생의 학습동기 부여를 위한 급수
7급	150자	없음	한자 공부를 처음 시작하는 분을 위한 초급단계
6급Ⅱ	300자	50자	한자 쓰기를 시작하는 첫 급수
6급	300자	150자	기초 한자 쓰기를 시작하는 급수
5급	500자	300자	학습용 한자쓰기를 시작하는 급수
4급Ⅱ	750자	400자	5급과 4급의 격차를 해소하기 위한 급수
4급	1,000자	500자	초급에서 중급으로 올라가는 급수
3급Ⅱ	1,500자	750자	4급과 3급의 격차를 해소하기 위한 급수
3급	1,817자	1,000자	신문 또는 일반 교양서를 읽을 수 있는 수준
2급	2,355자	1,817자	일상 한자어를 구사할 수 있는 수준
1급	3,500자	2,005자	국한 혼용 고전을 불편없이 읽고, 공부할 수 있는 수준

○ 상위급수 한자는 하위급수 한자를 모두 포함.

합격 기준

구 분	1급	2급	3급	3급Ⅱ	4급	4급Ⅱ	5급	6급	6급Ⅱ	7급	8급
출제문항수	200	150	150	150	100	100	100	90	80	70	50
합격문항수	160	105	105	105	70	70	70	63	56	49	35

○ 1급은 출제 문항수의 80% 이상, 2급~8급은 70% 이상 득점하면 합격.

시험 시간

구 분	1급	2급	3급	3급Ⅱ	4급	4급Ⅱ	5급	6급	6급Ⅱ	7급	8급
시험 시간	90분	60분			50분						

출제 유형

쓰기 배정한자는 한두 급수 아래의 읽기 배정한자이거나 그 범위 내에 있습니다. 아래의 출제 유형 표는 기본 지침자료로서, 출제자의 의도에 따라 차이가 있을 수 있습니다.

구 분	1급	2급	3급	3급Ⅱ	4급	4급Ⅱ	5급	6급	6급Ⅱ	7급	8급
읽기배정한자	3,500	2,355	1,817	1,500	1,000	750	500	300	300	150	50
쓰기배정한자	2,005	1,817	1,000	750	500	400	300	150	50	0	0
독 음	50	45	45	45	30	35	35	33	32	32	24
훈 음	32	27	27	27	22	22	23	22	29	30	24
장단음	10	5	5	5	5	0	0	0	0	0	0
반의어	10	10	10	10	3	3	3	3	2	2	0
완성형	15	10	10	10	5	5	4	3	2	2	0
부 수	10	5	5	5	3	3	0	0	0	0	0
동의어	10	5	5	5	3	3	3	2	0	0	0
동음이의어	10	5	5	5	3	3	3	2	0	0	0
뜻풀이	10	5	5	5	3	3	3	2	2	2	0
필 순	0	0	0	0	0	0	3	3	3	2	2
약 자	3	3	3	3	3	3	3	0	0	0	0
한자쓰기	40	30	30	30	20	20	20	20	10	0	0
출제문항(계)	200	150	150	150	100	100	100	90	80	70	50

출제 예시

독 음 (讀音)
▶ 다음 漢字語의 讀音을 쓰시오.
- 韓國( )

[한자의 소리를 묻는 문제. 독음은 두음법칙, 속음 현상, 장단음과도 관련이 있음.]

훈 음 (訓音)
▶ 다음 漢字의 訓과 音을 쓰시오.
- 韓( )

[한자의 뜻과 소리를 동시에 묻는 문제. 특히 대표 훈음을 익히도록 함.]

장단음 (長短音)
▶ 다음 漢字語 중 첫소리가 長音인 것을 골라 그 기호를 쓰시오.
▶ 위 글의 밑줄 친 漢字語 중에서 첫소리가 長音인 것을 골라 그 번호를 쓰시오.

[한자 단어의 첫소리 발음이 길고 짧음을 구분하고 있는가를 묻는 문제. 4급 이상에서만 출제.]

반의어 (反義語)
상대어 (相對語)
▶ 다음 漢字와 뜻이 反對 또는 相對되는 漢字를 써넣어 漢字語를 만드시오.
- 內( )

▶ 다음 漢字語의 反義語 또는 相對語를 漢字로 쓰시오.
- 原因( )

[어떤 글자(단어)와 반대 또는 상대되는 글자(단어)를 알고 있는가를 묻는 문제.]

완성형
(完成型)
▶다음 빈칸에 漢字를 써넣어 成語를 完成하시오.
- 事必（　）正

[고사성어나 단어의 빈칸을 채우도록 하여 단어와 성어의 이해력 및 조어력을 묻는 문제.]

부　수
(部首)
▶다음 漢字의 部首를 쓰시오.
- 韓(　　　)

[한자의 부수를 묻는 문제. 부수는 한자의 뜻을 짐작할 수 있는 중요한 부분임. 4급Ⅱ 이상에서만 출제.]

동의어
(同義語)
유의어
(類義語)
▶다음 漢字와 뜻이 비슷한 글자를 漢字로 적어 單語를 完成하시오.
- 音(　　)

▶다음 漢字語의 類義語를 漢字로 쓰시오.
- 年歲(　　　)

[어떤 글자(단어)와 뜻이 같거나 유사한 글자(단어)를 알고 있는가를 묻는 문제.]

동음이의어
(同音異義語)
▶다음 漢字語의 同音異義語를 하나씩만 漢字로 쓰시오.
- 空中 ―(　　　)

[소리는 같고, 뜻은 다른 단어를 알고 있는가를 묻는 문제.]

뜻풀이
▶다음 漢字語의 뜻을 쓰시오.
- 內外 ―(　　　　　)

[고사성어나 단어의 뜻을 제대로 알고 있는가를 묻는 문제.]

필　순
(筆順)
▶父자의 삐침(丿)은 몇 번째에 쓰는지 번호로 답하시오.
▶右자의 쓰는 순서가 올바른 것을 고르시오.
▶右자에서 ㉠획의 쓰는 순서를 아래에서 골라 번호를 쓰세요.

- 右㉠

[글자를 바르게 쓰도록 하기 위해 쓰는 순서를 알고 있는가를 묻는 문제. 5급 이하에서만 출제.]

약　자
(略字)
▶다음 漢字의 略字를 쓰시오.
- 國(　　　)

[한자의 획을 줄여서 만든 약자를 알고 있는가를 묻는 문제. 5급 이상에서만 출제.]

한자쓰기
▶다음 訓과 音을 지닌 漢字를 쓰시오.
- 나라 한(　　　)

▶다음 뜻에 알맞은 漢字語를 漢字로 쓰시오.
- 가정 : 한 가족이 살림하고 있는 집.(　　　)

▶밑줄 친 漢字語를 漢字로 쓰시오.
- 한국은 아름다운 나라이다.(　　　)

[제시된 뜻, 소리, 단어 등에 해당하는 한자를 쓸 수 있는가를 확인하는 문제.]

☞ 위 출제 예시는 상황에 따라 약간 변동될 수도 있음.

우대 사항

- 자격기본법 제27조에 의거 **국가자격 취득자와 동등한 대우 및 혜택**
- 교육인적자원부 훈령 제616호『학생생활기록부 전산처리 및 관리지침』에 의거 **학교생활기록부에 등재, 입시에 활용**
- 육군간부 **승진** 고과에 반영(부사관 5급, 위관장교 4급, 영관장교 3급 이상)
- 경제5단체, **신입사원 채용 때 전국한자능력검정시험 응시 권고(3급 응시 요건, 3급 이상 가산점)**
- 2005학년도 대학수학능력시험부터 **'漢文'이 선택과목**으로 채택
- 전국한자능력검정시험의 한자능력급수 취득 시 **대입 면접 가산점, 학점, 졸업인증에 반영**

합격자 발표

ARS 060-800-1100 / www.hangum.re.kr

기타 문의

한국한자능력검정회
☎ 02)1566-1400(代), 팩스 02)6003-1414
인터넷 http://www.hanja.re.kr
주소 : (137-879) 서울특별시 서초구 서초1동 1627-1 교대벤처타워 401호

재미있는 원리로 배우는 한자능력검정시험

6급

各 각각 **각**

- 부수 : 입 구(口)
- 총획 : 6획

各界각계 : 사회의 여러 분야. ¶**각계**의 저명인사
各自각자 : 각각의 자기. 제각기. ¶**각자**가 맡은 업무
各別각별 : 유달리 특별함. ¶**각별**한 사이
各國각국 : 여러 나라. 각 나라.
各色각색 : 여러 가지 빛깔. 여러 가지.

쓰는 순서 ノ ク 夂 冬 各 各

도움말 [夂+口] 앞 사람과 뒤에 오는[夂 뒤에올 치] 사람의 말[口 입 구]이 서로 다른 데서 '각각'을 뜻하는 글자가 됨.

角 뿔 **각**

- 부수 : 뿔 각(角)
- 총획 : 7획

直角직각 : 서로 수직인 두 직선이 이루는 각.
四角사각 : 네 각. 네 개의 모진 귀가 있는 모양.
角木각목 : 네모지게 켠 나무.
頭角두각 : '여럿 중에서 특히 뛰어난 학식이나 재능'을 이르는 말. ¶**두각**을 나타내다

쓰는 순서 ノ ⺈ ⼴ 夕 角 角 角

도움말 짐승의 머리에 난 두 개의 뾰족한 뿔 모양을 본뜬 글자. '뿔', '모나다', '찌르다'의 뜻.

感 느낄 **감**

- 부수 : 마음 심(心)
- 총획 : 13획

感動감동 : 깊이 느끼어 마음이 움직임.
感氣감기 : 주로 바이러스로 말미암아 걸리는 호흡기 계통의 병.
使命感사명감 : 맡겨진 임무를 수행하려는 기개나 책임감.
交感교감 : 서로 접촉해 따라 움직이는 느낌. ¶**교감**을 나누다
語感어감 : 말에서 느껴지는 독특한 느낌. ¶**어감**의 차이

쓰는 순서 ノ ⼚ ⼚ ⼚ 后 后 咸 咸 咸 感 感 感

도움말 [咸+心] 많은 사람들이 다 같이[咸 다 함] 마음[心 마음 심]으로 느낀다는 데서 '느끼다', '감동하다'의 뜻.

強

강할 강

- 부수 : 활 궁(弓)
- 총획 : 11획

強弱강약 : 강함과 약함.
強力강력 : 힘이나 영향이 강함. ¶ **강력**한 군대
強直강직 : 관절의 움직임이나 근육이 뻣뻣해지는 일.
強國강국 : 세력이 강한 나라. 강대국(強大國). ↔ 약국(弱國).
強度강도 : 강한 정도.

쓰는 순서 一 フ 弓 弘 弘 弘 弘 强 强 强 强

도움말 [弘+虫] 본디 바구미의 뜻으로, 바구미[虫 벌레 충]는 몸체가 작으나 단단하고, 그 피해가 크다[弘 클 홍]고 하여 '굳세다', '강하다'의 뜻이 됨.

開

열 개

- 부수 : 문 문(門)
- 총획 : 12획

開放개방 : 문을 열어 놓음. ¶ 시장 **개방**
開發개발 : 천연자원 따위를 인간 생활에 도움이 되게 하는 일.
開校개교 : 새로 학교를 세워 교육 업무를 처음 시작함.
開業개업 : 영업을 처음 시작함. ¶ 식당 **개업**
開學개학 : 학교에서 수업을 시작함.

쓰는 순서 丨 ㄇ ㄇ ㄗ ㄗ 門 門 門 門 閂 開 開

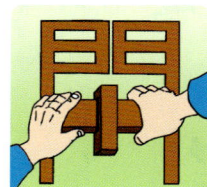

도움말 [門+开] 닫힌 두 짝 문[門 문 문]의 빗장을 두 손[开←卄 평평할 견]으로 들어 올려 여는 것을 본뜬 글자.

京

서울 경

- 부수 : 돼지해밑(亠)
- 총획 : 8획

上京상경 : 시골에서 서울로 올라옴.
開京개경 : '개성(開城)'의 고려 시대 이름.
東京동경 : 일본의 '도쿄'를 우리 한자음으로 읽은 이름.
入京입경 : 서울에 들어가거나 들어옴.

쓰는 순서 丶 一 亠 宀 古 古 亨 京 京

도움말 높은 언덕 위에 서 있는 궁성의 모양을 본떠 '서울'을 뜻하게 됨.

界

지경 계

부수 : 밭 전(田)
총획 : 9획

世界세계 : 지구 위의 모든 지역. 모든 나라. ¶**세계** 각국
學界학계 : 학문의 세계. 학자들의 사회. ¶**학계**의 주목을 받다
業界업계 : 같은 산업이나 상업에 종사하는 사람의 사회. ¶전자 **업계**
外界외계 : 바깥 세계. 지구 밖의 세계. ¶**외계**에서 온 사람

쓰는 순서: 丨 冂 冂 田 田 厒 昂 界 界

도움말 [田+介]
밭[田 밭 전]과 밭 사이[介 끼일 개]를 구분하기 위한 경계선으로, 구획을 나타내는 글자. '지경', '범위'의 뜻.

計

셀 계

부수 : 말씀 언(言)
총획 : 9획

計算계산 : 수량을 셈.
時計시계 : 시각을 나타내거나 시간을 재는 기계를 통틀어 이르는 말.
會計회계 : 나가고 들어온 돈을 따져서 셈함. ¶**회계**를 보다
計算書계산서 : 물건 값의 청구서.

쓰는 순서:  計

도움말 [言+十]
큰소리[言 말씀 언]로 열[十 열 십] 묶음씩 헤아리며 센다는 데서, '세다'는 뜻의 글자로 쓰임.

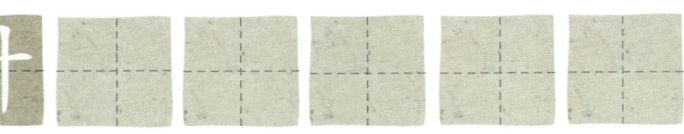

古

예 고

부수 : 입 구(口)
총획 : 5획

古今고금 : 옛날과 지금을 아울러 이르는 말.
古代고대 : 옛 시대.
古文고문 : 옛 글. ↔ 현대문(現代文).
古木고목 : 오래 묵은 나무.
上古상고 : 오랜 옛날.

쓰는 순서: 一 十 十 古 古

도움말 [十+口]
여러[十 열 십] 대(代)에 걸쳐 입[口 입 구]으로 전해온 것은 이미 오래 된 것이라는 데서 '오래다' 또는 '예'의 뜻을 나타내게 됨.

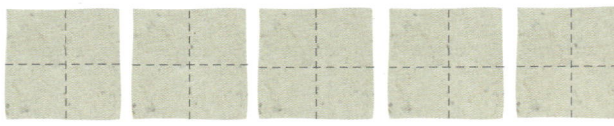

쓸 고

- 부수 : 풀 초(艹)
- 총획 : 9획

苦樂고락 : 괴로움과 즐거움.
苦待고대 : 몹시 기다림.
苦生고생 : 괴롭고 힘드는 일을 겪음. ¶**고생** 끝에 낙(樂)이 있다
苦心고심 : 몹시 애씀. 몹시 마음을 태움. ¶**고심**한 끝에 내려진 결정

쓰는 순서

도움말 씀바귀[艹=艸 풀 초]는 오래 되면[古 예 고] 쓰다는 데서 '쓰다', '괴롭다' [艹+古] 는 뜻을 나타냄.

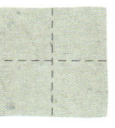 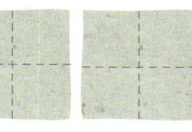 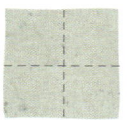 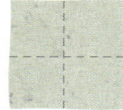

높을 고

- 부수 : 높을 고(高)
- 총획 : 10획

高級고급 : 높은 등급(계급). ¶**고급** 제품
高度고도 : 높이의 정도. ¶비행 **고도** 5000m
高等고등 : 등급이 높음. ↔ 하등(下等). ¶**고등** 기술
高山고산 : 높은 산.

쓰는 순서

도움말 성의 망루 모양을 본뜬 글자로, 높은 건물을 뜻하다가 단순히 '높다' 는 뜻이 됨.

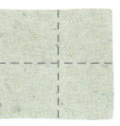 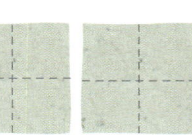 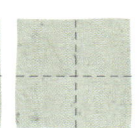 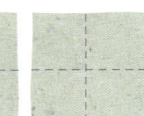

공평할 공

- 부수 : 여덟 팔(八)
- 총획 : 4획

公開공개 : 일반에게 개방함. ¶비밀이 **공개**되다
公式공식 : 공적으로 규정한 형식.
公用공용 : 공공의 목적으로 씀. 또는 그런 물건.
公休日공휴일 : 국경일 · 경축일 · 일요일같이 국가나 사회에서 정하여 다 함께 쉬는 날.

쓰는 순서

도움말 사사로움[厶←私 사사 사]과는 등져[八(나누어지는 모양)] 멀리하는 형세를 [八+厶] 뜻하는 글자로, '공변되다', '공평하다' 는 뜻.

 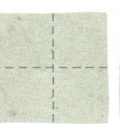  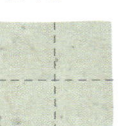 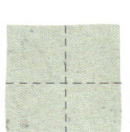 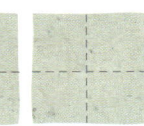

功 공 공

- 부수 : 힘 력(力)
- 총획 : 5획

成功성공 : 뜻을 이룸. ↔ 실패(失敗). ¶**실패**는 성공의 어머니이다
功名心공명심 : 공을 세워 이름을 떨치려는 데 급급한 마음. ¶**공명심**에 불타다
戰功전공 : 전투에서 세운 공로. ¶전쟁에서 혁혁한 **전공**을 세우다
有功유공 : 공로가 있음.

쓰는 순서 : 一 T 工 功 功

도움말 [工+力] : 사람이 힘써[力 힘 력] 일하여[工 장인 공] 이루어진 결과를 가리키며, '일', '공교하다'는 뜻을 나타냄.

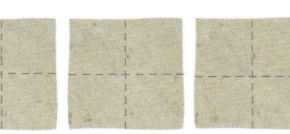 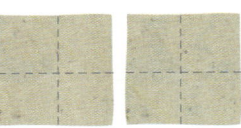

共 한가지 공

- 부수 : 여덟 팔(八)
- 총획 : 6획

共用공용 : 공동으로 씀. ↔ 전용(專用).
共有공유 : 두 사람 이상이 한 물건을 공동으로 소유함.
共同공동 : 두 사람 이상이 일을 같이함. ¶**공동** 제작
反共반공 : 공산주의에 반대하는 일.
公共공공 : 국가나 사회의 구성원에게 두루 관계되는 것.

쓰는 순서 : 一 十 卄 丑 共 共

도움말 [卄+六] : 많은[卄 스물 입] 사람들이 손을 내어 받든다[六←卄 두손으로받들 공]는 데에서 '한가지', '함께'의 뜻을 나타냄.

 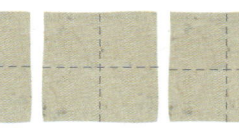

科 과목 과

- 부수 : 벼 화(禾)
- 총획 : 9획

科學과학 : 보편적인 진리나 법칙의 발견을 목적으로 한 체계적인 지식.
内科내과 : 내장의 병을 수술하지 않고 치료하는 의술.
敎科교과 : 가르치는 과목. 교과목.
理科이과 : 자연 과학의 이론과 현상을 연구하는 학과.

쓰는 순서 : 一 二 千 千 禾 禾 禾 科 科

도움말 [禾+斗] : 곡식[禾 벼 화]을 말[斗 말 두]로 헤아리는 과정을 나타내는 데서 '과목', '정도'를 뜻하는 글자가 됨.

실과 과

- 부수 : 나무 목(木)
- 총획 : 8획

果樹과수 : 과실나무.
果然과연 : 알고 보니 정말. ¶그 대답이 **과연** 명답이다
成果성과 : 이루어 내거나 이루어진 결과. ¶**성과**를 거두다
藥果약과 : 유밀과의 한 가지. 또는 그만한 것이 다행임을 이름.
果樹園과수원 : 과실나무를 재배하는 농원.

쓰는 순서 ㅣ 口 日 日 旦 甲 果 果

도움말 나무[木 나무 목]에 열린 열매의 모양을 본뜬 글자로, 열매를 맺는다는 데서 일의 결과, 또는 과감히 함을 뜻하게 됨.

빛 광

- 부수 : 어진사람 인(儿)
- 총획 : 6획

光明광명 : 밝고 환함. ¶**광명**의 새 세상
光線광선 : 빛의 줄기. ¶태양 **광선**
夜光야광 : 밤 또는 어두운 곳에서 빛을 냄, 또는 그 빛.
發光발광 : 빛을 냄.

쓰는 순서 ㅣ ㅛ ㅛ 並 光

도움말 사람[儿 사람 인]이 치켜든 횃불[业←火 불 화]이 밝게 비치는 모양에서 [业+儿] '빛', '빛나다'는 뜻이 됨.

사귈 교

- 부수 : 돼지해밑(亠)
- 총획 : 6획

交通교통 : 사람이나 짐이 한곳에서 다른 곳으로 오가는 일.
交代교대 : 어떤 일을 여럿이 나누어서 차례에 따라 맡아 함.
交信교신 : 통신을 주고받음.
近交근교 : 가까운 나라와 친교를 맺음.
外交외교 : 외국과의 정치적·문화적·경제적 관계를 맺는 일.

쓰는 순서 ㅣ 亠 ナ 六 六 交

도움말 사람이 두 발을 엇걸고 서 있는 모양을 본뜬 글자로, 벗하여 서로 자주 오고가며 '사귀다'는 뜻을 나타냄.

球 공 구

- 부수 : 구슬 옥(玉)
- 총획 : 11획

野球야구 : 구기의 한 가지.
地球지구 : 인류가 살고 있는 천체.
氣球기구 : 가벼운 기체를 넣어 공중에 띄우는 둥근 주머니.
球場구장 : 구기를 하는 경기장. ¶인조 잔디 **구장**
足球족구 : 발로 공을 차서 네트를 넘겨 승부를 겨루는 경기.

쓰는 순서 : 一 一 T 王 王 玝 玞 玞 球 球 球

도움말 [王+求]
옥[王=玉 구슬 옥]을 구하여[求 구할 구] 갈고 닦으니 아름답고 공처럼 둥글다 하여 '공', '아름다운 옥'의 뜻이 됨.

球 球

區 구분할 구

- 부수 : 터진에운담(匚)
- 총획 : 11획

區別구별 : 종류에 따라 갈라 놓음. ¶남녀의 **구별**
區分구분 : 따로따로 갈라서 나눔. ¶**구분**을 짓다
區間구간 : 어떤 지점과 다른 지점과의 사이. ¶공사 **구간**
區畫구획 : 경계를 갈라 정함.
地區지구 : 일정한 기준에 따라 여럿으로 나눈 땅의 한 구획.

쓰는 순서 : 一 丆 丆 丂 丂 吾 吾 吾 品 品 區

도움말 [匚+品]
많은 물건[品 물건 품]들을 정리하여 치워둔[匚 감출 혜] 모양에서 '나누다', '구분하다', '지경'의 뜻을 나타냄.

區 區

郡 고을 군

- 부수 : 우부방(阝)
- 총획 : 10획

市郡시군 : 시와 군.
郡民군민 : 행정 구역의 하나인 군(郡) 안에 사는 사람.
郡內군내 : 군(郡)의 안. ¶우리 **군내**에는 대학교가 하나 뿐이다
郡界군계 : 군(郡)과 군 사이의 경계.

쓰는 순서 : 一 フ ㅋ 尹 尹 尹 君 君 君' 郡

도움말 [君+阝]
임금[君 임금 군]의 명을 받아 백성을 다스리기 위하여 만들어진 '고을[阝=邑 고을 읍]'이라는 뜻.

郡 郡

가까울 근

- 부수 : 책받침(辶)
- 총획 : 8획

親近친근 : 사귀어 지내는 사이가 매우 가까움. ¶ **친근**한 사이
近代근대 : 지나간 지 얼마 안 되는 가까운 시대.
近者근자 : 요즈음. 근일(近日).
近年근년 : 가까운 해. 요 몇 해 사이.
近來근래 : 요즈음. ¶ **근래**에 보기 드문 사건.

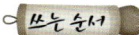
´ ´ ŕ ŕ 斤 斤 近 近 近

[斤+辶]

도움말 물건을 달[斤 근 근] 때 저울추를 조금씩[辶=辵 쉬엄쉬엄갈 착] 옮겨야 할 만큼 거리가 가까움을 나타냄.

  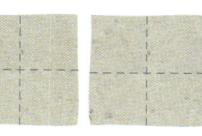  

뿌리 근

- 부수 : 나무 목(木)
- 총획 : 10획

根本근본 : 사물이 생겨나는 데 바탕이 되는 것. ¶ 나라의 **근본**
草根초근 : 풀의 뿌리.
球根구근 : 알뿌리.
語根어근 : 단어를 분석할 때, 실질적 의미를 나타내는 중심이 되는 부분.

一 十 才 木 木` 木´ 木ㄱ 根 根 根

[木+艮]

도움말 나무[木 나무 목] 아래 머물러 있는[艮 그칠 간] 부분을 나타내는 데서 '뿌리'를 뜻하는 글자가 됨.

  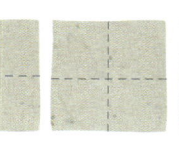 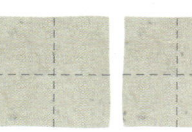

이제 금

- 부수 : 사람 인(人)
- 총획 : 4획

今年금년 : 올해.
今世금세 : 지금의 세상.
今後금후 : 이제로부터 뒤.
今時금시 : 지금
今日금일 : 오늘. 지금.

ノ 人 今 今

[亼+ㄱ]

도움말 세월이 흐르고 쌓여[亼 모일 집] 지금에 이른[ㄱ←ㄏ 끌릴 예] 것에서 '지금', '이제'라는 뜻을 나타냄.

   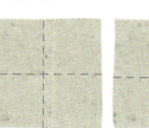  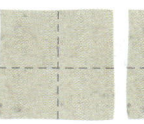 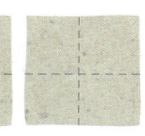

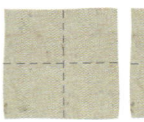 급할 **급**

부수 : 마음 심(心)
총획 : 9획

急行급행 : 급히 감. 급행열차. ↔ 완행(緩行). ¶**급행**을 타다
急死급사 : 갑자기 죽음.
特急특급 : '특별 급행'을 줄여 이르는 말.
火急화급 : 매우 급함.
時急시급 : 시간적으로 매우 급함. ¶**시급**한 문제

쓰는 순서 ノ ヶ ヶ ヶ 夕 夕 急 急 急

도움말 [刍+心] 빨리 뒤쫓아 가려고[刍←及 미칠 급] 서두르는 마음[心 마음 심]이 초조한 데서 '급하다'는 뜻을 나타내게 됨.

急 急

 등급 **급**

부수 : 실 사(糸)
총획 : 10획

等級등급 : 높고 낮음이나 좋고 나쁨의 차를 여러 층으로 나눈 급수. ¶신체 **등급**
學級학급 : 한 자리에서 교육을 받도록 편성된 학생의 집단.
級數급수 : 우열에 따라 매기는 등급. ¶태권도의 **급수**
級訓급훈 : 학교에서, 학급의 교육 목표로 내세운 교훈.

쓰는 순서 ㄴ ㄠ ㄠ 幺 糸 糸 糸 紀 紀 級 級

도움말 [糸+及] 실[糸 실 사]이 실타래에서 풀리듯 뒤따라[及 미칠 급] 이어지는 모양에서 '차례', 차례에 따른 '등급'의 뜻이 됨.

級 級

 많을 **다**

부수 : 저녁 석(夕)
총획 : 6획

多少다소 : 많음과 적음. 조금. 약간. 어느 정도.
多讀다독 : 책을 많이 읽음.
多才다재 : 여러 방면에 재주가 많음.
多數다수 : 수효가 많음, 또는 많은 수효. ↔ 소수(少數). ¶**다수**의 횡포

쓰는 순서 ノ ク タ タ 多 多

도움말 [夕+夕] 어젯밤과 오늘밤, 그리고 내일 밤[夕 저녁 석]이 거듭 쌓여[多 많을 다] 지난날이 많아지는 데서 '많아지다'는 뜻이 됨.

多 多

短

짧을 단

부수 : 화살 시(矢)
총획 : 12획

長短장단 : 길고 짧음. 장점과 단점. 장단점.
短命단명 : 짧은 목숨. 또는 목숨이 짧음.
短文단문 : 짤막한 글. 짧은 문장. ↔ 장문(長文).
短音단음 : 짧은 음. ↔ 장음(長音).

쓰는 순서 ノ 仁 二 乎 矢 矢 矢「 矢⁻ 知 知 知 短 短 短

도움말 [矢+豆] 옛날에 짧은 물건을 재던 화살[矢 화살 시]과 더 작은 콩[豆 콩 두]을 함께 하여 '짧다', '모자라다'는 뜻을 나타내게 됨.

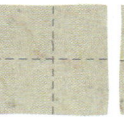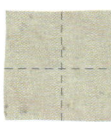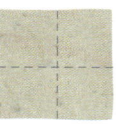

堂

집 당

부수 : 흙 토(土)
총획 : 11획

明堂명당 : 풍수지리에서 이르는, 좋은 묏자리나 집터. ¶**명당** 자리
書堂서당 : 글방.
食堂식당 : 식사하기에 편리하도록 설비하여 놓은 방. ¶구내 **식당**
學堂학당 : 글방. 개화기 때에, 학교를 이르던 말.

쓰는 순서 ⎿ ⎾ ⎾⎾ ⎾⎾ ⎾⎾⎾ ⎾⎾⎾ ⎾⎾⎾ 堂 堂 堂

도움말 [尙+土] 흙[土 흙 토]을 높이[尙 높을 상] 쌓아올린 위에 세운 큰 '집'을 뜻함.

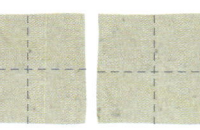

代

대신 대

부수 : 사람 인(亻)
총획 : 5획

現代현대 : 오늘날의 시대. 현시대. ¶**현대** 미술
代身대신 : 남의 일을 대행함. ¶부반장이 반장을 **대신하다**
代表대표 : 전체의 상태나 성질을 어느 하나로 잘 나타냄. ¶**대표** 선수
時代시대 : 어떤 길이를 지닌 연월(年月). ¶첨단 **시대**

쓰는 순서 ノ 亻 亻 代 代

도움말 [亻+弋] 사람[亻=人 사람 인]이 무기[弋 주살 익]를 잡고 잘못된 것을 고쳐 새것으로 '대신한다'는 뜻.

기다릴 대

부수 : 두인변(彳)

총획 : 9획

待合室대합실 : 공공시설에서 손님이 기다리며 머물 수 있도록 마련한 곳. ¶공항 **대합실**

下待하대 : 상대편을 낮게 대우함. ↔ 공대(恭待). ¶**하대**를 받다

쓰는 순서 : ノ ク 彳 彳 彳 㐅 徍 待 待

도움말 [彳+寺] : 관청[寺 관청 시]에 일보러 가서 서성거리며[彳 조금걸을 척] 기다리는 모양으로, '기다리다'는 뜻을 나타냄.

대할 대

부수 : 마디 촌(寸)

총획 : 14획

對話대화 : 서로 마주 대하여 이야기함, 또는 그 이야기.
對等대등 : 낫고 못함이 없이 서로 걸맞음. ¶**대등**한 수준
對答대답 : 묻는 말에 자기의 뜻을 나타냄, 또는 나타내는 그 말.
對面대면 : 얼굴을 마주 보고 대함. ¶첫 **대면**
對外대외 : '외부 또는 외국에 대함'의 뜻을 나타내는 말.

쓰는 순서 :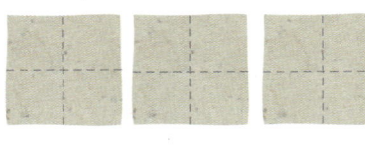

도움말 [丵+一+寸] : 많은 사람이 모여[丵 무성할 착] 자리[一]에 앉아 법도[寸 법도 촌]에 따라 묻고 대답하는 모양에서 '대하다', '마주보다'는 뜻을 나타냄.

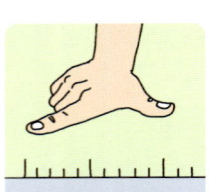

법도 도 / 헤아릴 탁

부수 : 엄호(广)

총획 : 9획

角度각도 : 각의 크기.
速度속도 : 빠르기. ¶일의 **속도**가 빠르다
溫度온도 : 덥고 찬 정도, 또는 그 도수. ¶**온도**를 조절하다
年度연도 : 사무 또는 회계의 결산 따위의 편의에 따라 구분한 1년의 기간. ¶회계 **연도**

쓰는 순서 : 亠 广 广 庐 庐 庐 度 度

도움말 [庶+又] : 많은 사람[庶←庶 무리 서]이 손[又←手 손 수]으로 길이를 헤아린다는 데서 '재다', '법도'의 뜻을 나타내게 됨.

圖

그림/꾀할 도

- 부수 : 큰입구(囗)
- 총획 : 14획

地圖지도 : 지구 표면의 일부나 전부를 일정한 축척에 따라 평면 위에 나타낸 그림. ¶세계 **지도**
圖書도서 : 서적·글씨·그림 따위를 통틀어 이르는 말. ¶국제 **도서** 전시회
圖畫도화 : 도면과 그림. 그림 그리기.

쓰는 순서 丨 冂 冂 冋 冋 冋 冏 冏 周 周 圖 圖 圖 圖

도움말 [囗+啚] 어려운[啚 어려울 비] 나라[囗=國 나라 국]를 위해 일을 꾀한다는 데서 나라 경계를 그린 '지도', '그리다'는 뜻을 나타냄.

讀

읽을 독
구절 두

- 부수 : 말씀 언(言)
- 총획 : 22획

讀書독서 : 책을 읽음.
讀者독자 : 책·신문·잡지 따위의 출판물을 읽는 사람.
讀後感독후감 : 책을 읽고 난 뒤의 느낌, 또는 그 느낌을 적은 글.
讀本독본 : 글을 읽어서 그 내용을 익히기 위한 책.

쓰는 순서 丶 亠 亖 言 言 言 言 訁 訁 訁 訃 讀 讀 讀 讀 讀 讀 讀 讀 讀 讀

도움말 [言+賣] 장사꾼이 물건을 팔[賣 팔 매] 때 소리치듯 큰소리[言 말씀 언]로 책을 읽는 모양을 나타내는 글자.

童

아이 동

- 부수 : 설 립(立)
- 총획 : 12획

童話동화 : 어린이에게 들려주거나 읽히기 위하여 지은 이야기.
童心동심 : 어린이의 마음, 또는 어린이의 마음처럼 순진한 마음.
童子동자 : 아이. 심부름하는 아이.
學童학동 : 글을 배우는 아이.

쓰는 순서 丶 亠 亠 立 立 产 咅 咅 音 音 童 童

도움말 [立+里] 무거운[里←重 무거울 중] 죄[立←辛 죄 건]를 범해 노예 된 자를 아이처럼 다룬 옛일에서 '종', '아이'의 뜻으로 쓰이게 됨.

頭

머리 두

- 부수 : 머리 혈(頁)
- 총획 : 16획

白頭山백두산 : 함경도와 만주 사이에 있는 산. 창바이 산맥(長白山脈) 동쪽에 솟은 우리나라 제일의 산임.
頭目두목 : 패거리의 우두머리. ¶도둑들의 **두목**

쓰는 순서 一 丆 冇 豆 豆 豆 豆 豆 郖 頭 頭 頭 頭 頭 頭 頭

[豆+頁] **도움말** 사람의 머리[頁 머리 혈] 생김새가 둥근 제기[豆 제기이름 두]와 같은 데서 '머리', '우두머리'를 뜻함.

頭 頭

等

무리 등

- 부수 : 대 죽(竹)
- 총획 : 12획

平等평등 : 치우침이 없이 모두가 한결같음. 차별이 없이 동등함. ¶모든 국민은 법 앞에 **평등**하다
等數등수 : 등급이나 순위를 정하여 차례대로 매긴 수. ¶**등수**를 매기다
等分등분 : 똑같이 나눔.

쓰는 순서 ノ ト ト ケ ケ ケ ケ 竺 笙 笁 等 等

[竹+寺] **도움말** 관청[寺 관청 시]에서 대쪽으로 만든 많은 서류[竹=簡 대쪽 간]를 정리하는 모양에서, '무리', '등급'의 뜻을 나타냄.

等 等

樂

즐길 락 / 노래 악
좋아할 요

- 부수 : 나무 목(木)
- 총획 : 15획

樂園낙원 : 아무 근심 걱정 없이, 안락하게 살 수 있는 곳. ¶지상 **낙원**
歌樂가악 : 노래와 풍악.
安樂안락 : 근심 걱정이 없이 편안하고 즐거움. ¶**안락**한 생활
樂勝낙승 : 운동 경기 따위에서 쉽게 이김.

쓰는 순서 ′ 白 白 白 帛 帛 帛 帛 帛 ㄠㄠ ㄠㄠ 樂 樂 樂

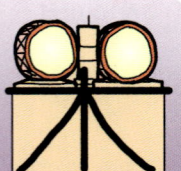

도움말 나무(木) 받침대 위에 북을 올려놓은 모양을 본뜬 글자로, '즐겁다', '악기', '좋아하다'는 뜻을 나타냄.

樂 樂

例

법식 례

- 부수 : 사람 인(亻)
- 총획 : 8획

事例사례 : 일의 전례나 실례(實例). ¶성공 **사례**
例外예외 : 보통의 예에서 벗어난 일. 일반의 원칙에 해당하지 않는 일. ¶**예외**로 처리하다
例題예제 : 연습을 시키기 위하여 보기로서 내는 문제.
先例선례 : 이전의 사례. 전례(前例).

쓰는 순서 : 丿 亻 亻 亽 佘 佘 例 例

도움말 [亻+列] : 사람[亻=人 사람 인]이 칼로 자르듯 나란히 줄 지어 선[列 나란히설 렬] 모양에서 '법식', '본보기'의 뜻을 나타냄.

禮

예도 례

- 부수 : 보일 시(示)
- 총획 : 18획

禮式場예식장 : 예식을 올리는 곳. 주로, '결혼식장'을 말함.
禮式예식 : 예법에 따른 의식. 예의의 법식.
禮樂예악 : 예절과 음악.
答禮品답례품 : 감사의 표시로 주는 물건.

쓰는 순서 : 一 二 千 千 示 示 和 祀 祀 祀 祀 禮 禮 禮 禮 禮 禮 禮

도움말 [示+豊] : 제사 음식을 가득[豊 풍성할 풍] 차려놓고 제사하는[示 제사 시] 모양에서 '예도', '예의', '절'을 뜻함.

路

길 로

- 부수 : 발 족(足)
- 총획 : 13획

道路도로 : 사람이나 차들이 다니는 비교적 큰 길. ¶**도로** 공사
通路통로 : 통해서 다닐 수 있게 트인 길.
路線노선 : 버스·기차·항공기 따위가 정해 놓고 다니도록 되어 있는 길. ¶지하철 **노선**
活路활로 : 살아 나갈 방법. ¶**활로**를 모색하다

쓰는 순서 : 丨 口 口 卩 乷 足 足 趵 趵 趵 路 路 路

도움말 [足+各] : 사람들이 저마다[各 각각 각] 걸어다니는[足 발 족] 곳이라는 데서 '길'을 뜻함.

綠

푸를 록

- 부수 : 실 사(糸)
- 총획 : 14획

草綠초록 : 푸른 빛깔과 누른 빛깔의 중간 색. 초록빛.
新綠신록 : 초여름에 새로 나온 잎들이 띤 연한 초록빛. ¶**신록**의 계절
靑綠청록 : 녹색과 파랑의 중간색. 청록색.
綠地녹지 : 초목이 푸르게 자란 땅. ¶**녹지**를 조성하다

쓰는 순서 : ⺃ ⺈ ⺈ ⺌ 糸 糸 紅 紀 紀 紀 紀 紀 綠 綠

도움말 [糸+彔] : 생나무를 깎아 껍질을 벗길[彔 나무깎을 록] 때의 산뜻한 속껍질의 섬유질 [糸 실 사] 색깔로, '푸르다', '초록'을 뜻함.

理

다스릴 리

- 부수 : 구슬 옥(玉)
- 총획 : 11획

理由이유 : 까닭. 사유.
道理도리 : 사람이 마땅히 지켜야 할 바른길.
地理지리 : 어떤 곳의 지형이나 길 따위의 형편. ¶**지리**에 밝다
生理생리 : 생물체의 생명 활동과 관련되는 현상, 또는 그 원리.
合理합리 : 이치에 맞음.

쓰는 순서 : 一 二 丆 王 王 玎 玾 玾 理 理 理

도움말 [王+里] : 구슬[王=玉 구슬 옥]을 깎고 닦아 아름다운 결[里(밭<田>에 이랑<土>이 있 듯이 옥에 있는 결)]이 나타나도록 한다는 데서 '다스리다'는 뜻이 됨.

利

이로울 리

- 부수 : 칼 도(刂)
- 총획 : 7획

勝利승리 : 겨루거나 싸워서 이김. ¶**승리**를 거두다
利用이용 : 물건을 이롭게 쓰거나 쓸모 있게 씀.
便利편리 : 어떤 일을 하는 데 편하고 이용하기 쉬움. ↔ 불편(不便).
　　　　¶교통이 **편리**하다
利子이자 : 남에게 돈을 빌려 쓴 대가로 치르는 일정 비율의 돈.

쓰는 순서 : 一 二 千 禾 禾 利 利

도움말 [禾+刂] : 날카로운 농기구[刂=刀 칼 도]로 논밭을 갈아 농사[禾 벼 화]를 지으니 '이롭다'는 뜻.

李

오얏/성 리

- 부수 : 나무 목(木)
- 총획 : 7획

李朝이조 : '이씨 조선'을 줄여 이르는 말.
行李행리 : 여행할 때 쓰는 물건과 차림. 행장(行裝). ¶ **행리**를 챙기다

쓰는 순서 一 十 十 木 杢 李 李

도움말 나무[木 나무 목]에 진귀한 열매[子 아들 자]가 여는 '오얏(=자두)나무'라
[木+子] 는 뜻.

李 李

明

밝을 명

- 부수 : 날 일(日)
- 총획 : 8획

明月명월 : 밝은 달.
明日명일 : 내일. ↔ 작일(昨日).
發明발명 : 새로 생각해 내거나 만들어 냄. ¶ 금속활자의 **발명**
分明분명 : 틀림없이 확실하게.
自明자명 : 증명이나 설명의 필요 없이 그 자체만으로 명백함.

쓰는 순서 丨 冂 日 日 町 明 明 明

도움말 낮에는 해[日 해 일]가 빛나고 밤에는 달[月 달 월]이 환하여 '밝다'는 뜻.
[日+月]

明 明

目

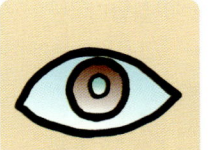

눈 목

- 부수 : 눈 목(目)
- 총획 : 5획

科目과목 : 학문의 구분, 또는 교과를 구성하는 단위.
題目제목 : 책이나 문학 작품 등에서 그것의 내용을 보이거나 대표하는
이름. ¶ 소설 **제목**
注目주목 : 눈길을 한곳에 모아서 봄.
目前목전 : 눈 앞. 당장. ¶ **목전**의 이익만을 생각하다

쓰는 순서 丨 冂 冂 月 目

도움말 사람의 눈의 모양을 본뜬 글자.

 目

目 目

聞

들을 문

- 부수 : 귀 이(耳)
- 총획 : 14획

新聞신문 : 사회에서 일어난 새로운 사건이나 화제 따위를 신속하게 보도·해설·비평하는 정기 간행물.
所聞소문 : 여러 사람의 입에 오르내리면서 전하여 오는 말. ¶소문을 퍼뜨리다
風聞풍문 : 바람처럼 떠도는 소문. ¶풍문이 나돌다

쓰는 순서 : 丨 冂 冂 冂 冂 門 門 門 門 閂 閏 閏 聞 聞

도움말 [門+耳] : 귀[耳 귀 이]는 소리를 듣는 문[門 문 문]이라는 모양으로, '듣다', '들리다'의 뜻을 나타냄.

米

쌀 미

- 부수 : 쌀 미(米)
- 총획 : 6획

白米백미 : 희게 쓿은 멥쌀. 흰쌀.
六米육미 : 여섯 가지의 곡물. 육곡. 벼·기장·피·보리·조·콩을 이름.

쓰는 순서 : 丶 ソ 一 半 米 米

도움말 사방[十]으로 흩어진 쌀의 낱알 모양[乂]을 본뜬 글자로, '쌀', '낱알'의 뜻.

美

아름다울 미

- 부수 : 양 양(羊)
- 총획 : 9획

美術미술 : 공간 및 시각의 미를 표현하는 예술.
美國미국 : 북아메리카 대륙의 캐나다와 멕시코 사이에 있는 나라.
美男미남 : 얼굴이 잘생긴 남자.
美人미인 : 얼굴이 아름다운 여자. 미녀(美女).

쓰는 순서 : 丶 ソ 一 丷 羊 主 美 美 美

도움말 [羊+大] : 크고[大 큰 대] 살진 양[羊←羊 양 양]이 보기 좋다는 데서 '아름답다'는 뜻이 됨.

朴

성/소박할 박

부수 : 나무 목(木)
총획 : 6획

朴直박직 : 순박하고 정직함.

쓰는 순서 一 十 十 木 朴 朴

도움말 [木+卜] 점[卜 점 복] 칠 때의 거북 껍데기같이 갈라진 나무[木 나무 목] 껍데기의 투박한 모양에서 '소박하다', '순박하다'는 뜻을 나타냄.

反

돌이킬 반

부수 : 또 우(又)
총획 : 4획

反旗반기 : 반대의 뜻이나 기세를 나타내는 표시. ¶ **반기**를 들다
反戰반전 : 전쟁을 반대함. ¶ **반전** 시위
反感반감 : 반대하거나 반항하는 감정. ¶ **반감**을 사다
反對반대 : 사물의 위치·방향 따위가 정상이 아니고 거꾸로 됨.

쓰는 순서 一 厂 厅 反

도움말 [厂+又] 넓적한 바위[厂 바위 엄]를 손[又 오른손 우]으로 뒤집었다 엎었다 하는 모양에서 '뒤엎는다', '반대하다'는 뜻을 나타냄.

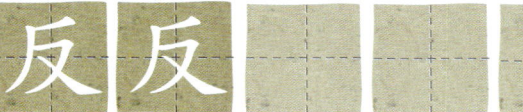

半

반 반

부수 : 열 십(十)
총획 : 5획

前半전반 : 전체를 둘로 나누었을 때 앞부분이 되는 절반. ↔ 후반(後半).
半音반음 : 온음의 절반이 되는 음정. 반음정.
北半球북반구 : 지구의 적도 이북의 부분. ↔ 남반구(南半球).
半身반신 : 온몸의 절반.

쓰는 순서 ⸍ ⸜ ⸝ ⸞ 半

도움말 [八+十] 단칼에 소[⸍←牛 소 우]를 반으로 자르듯이 물건을 둘로 나누는[八] 모양에서, '절반', '가운데'의 뜻을 나타냄.

班 나눌 반

- 부수 : 구슬 옥(玉)
- 총획 : 10획

班長반장 : '반(班)'이라는 이름을 붙인 집단의 통솔자 또는 책임자. ¶학급의 **반장**
九班구반 : 학년을 여러 반으로 나누었을 때, 아홉째 반.
分班분반 : 몇 반으로 나눔.

쓰는 순서 : 一 二 F 王 王 玎 珏 班 班 班

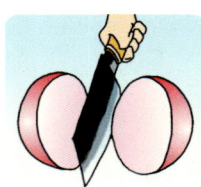

[珏+刂] 도움말 : 옛날에 천자가 칼[刂=刀 칼 도]로 구슬을 둘로 쪼개어[珏 쌍옥 각] 제후에게 증표로 주었던 데서 '나누다'는 뜻을 나타냄.

發 필 발

- 부수 : 필발머리(癶)
- 총획 : 12획

出發출발 : 길을 떠남. 일을 시작함. ↔ 도착(到着). ¶**출발** 신호
發表발표 : 널리 드러내어 알림. ¶연구 **발표**
發病발병 : 병이 남.
發信발신 : 통신을 위해 전파를 보냄. ¶조난 신호를 **발신**하다
發電발전 : 전기를 일으킴. ¶수력 **발전**

쓰는 순서 : フ ヲ ヺ ヺ 癶 癶 癶 癶 발 发 發 發

[癶+弓] 도움말 : 두 발로 풀을 힘있게 밟아 딛고[癶 짓밟을 발] 서서 활[弓 활 궁]을 쏘는 모양에서 '쏘다'는 뜻을 나타냄.

放 놓을 방

- 부수 : 등글월문(攵)
- 총획 : 8획

放心방심 : 마음을 다잡지 아니하고 놓아 버림. ¶**방심**은 금물
放火방화 : 일부러 불을 지름.
放出방출 : 비축해 둔 것을 내놓음. ¶자금 **방출**
訓放훈방 : 훈계하여 놓아줌.
放學방학 : 학교에서 일정 기간 동안 수업을 쉬는 일.

쓰는 순서 : 亠 亠 亍 方 方 方 放 放

[方+攵] 도움말 : 회초리로 쳐서[攵=攴 칠 복] 다른 곳[方 방위 방]으로 멀리 '내쫓다', '놓아주다' 는 뜻.

番

차례 번

부수 : 밭 전(田)
총획 : 12획

番號번호 : 차례를 나타내는 호수.
番地번지 : 토지를 조각조각 나누어서 매겨 놓은 땅의 번호.
萬番만번 : 천번의 열 배. 수없이 많은 차례.
軍番군번 : 군인 각 개인에게 부여된 일련 번호.

쓰는 순서 ノ ㄴ ㅁ 亚 平 乎 采 采 釆 番 番 番

도움말 [釆+田] 논밭[田 밭 전]에 씨앗을 뿌리고 지나가는 농부의 가지런하게 나 있는 발자국[釆 발자국 변] 모양에서 '차례'를 뜻하게 됨.

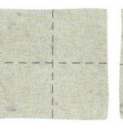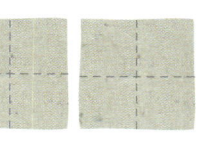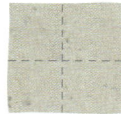

別

다를/나눌 별

부수 : 칼 도(刂)
총획 : 7획

分別분별 : 사물을 종류에 따라 나누어 가름.
別名별명 : 사람의 성격·용모·태도 따위의 특징을 따서 남이 지어 부르는 이름.
別世별세 : '죽음'을 높이어 이르는 말.
作別작별 : 서로 헤어짐. ¶**작별** 인사

쓰는 순서 丨 ㅁ 口 另 另 別 別

도움말 [另+刂] 뼈와 살을 칼[刂=刀 칼 도]로 베어 각각 발라내는[另←冎 살을바를 과] 모양에서 '다르다', '나누다'는 뜻을 나타냄.

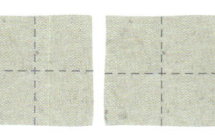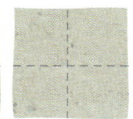

病

병 병

부수 : 병들 녁(疒)
총획 : 10획

病弱병약 : 몸이 허약하여 병에 걸리기 쉬움. ↔ 강건(强健).
萬病만병 : 온갖 병. ¶근심은 **만병**의 근원
病名병명 : 병의 이름. ¶알 수 없는 **병명**
病者병자 : 병을 앓는 사람. 환자.
重病중병 : 크게 앓는 병. 중태에 빠진 병. ¶**중병**을 앓다

쓰는 순서 ㄱ ㄴ 广 广 疒 疒 疒 病 病 病

도움말 [疒+丙] 밤새 불을 밝히고[丙 밝을 병] 보살펴야 할 만큼 앓는[疒 병들어누울 녁] 모양에서 '병들다', '근심하다'의 뜻을 나타냄.

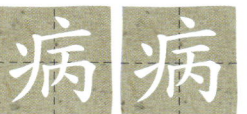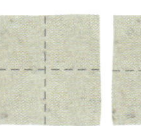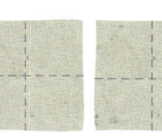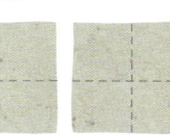

服 옷 복

- 부수 : 달 월(月)
- 총획 : 8획

衣服의복 : 옷.
夏服하복 : 여름철의 옷. 여름옷. ↔ 동복(冬服).
洋服양복 : 서양식의 옷.
服用藥복용약 : 먹는 약.
作業服작업복 : 작업할 때 입는 옷.

쓰는 순서 ﾉ 月 月 月 肝 服 服 服

도움말 [月+殳] 배[月←舟 배 주]에서는 선장의 지시[殳 다스릴 복]에 따라야 한다는 데서 '복종하다', '다스리다'는 뜻을 나타냄.

 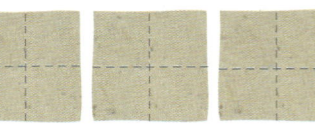 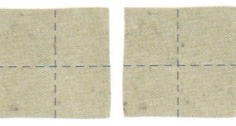

本 근본 본

- 부수 : 나무 목(木)
- 총획 : 5획

本部본부 : 어떤 조직의 중심이 되는 곳. ¶수사 **본부**
本社본사 : 그 회사의 중심이 되는 사업체. ↔ 지사(支社).
本業본업 : 주가 되는 직업. ¶그는 의사가 **본업**이다
本然본연 : 자연 그대로의 상태. ¶인간 **본연**의 모습
日本일본 : 아시아 대륙 동쪽에 있는 나라.

쓰는 순서 一 十 才 木 本

도움말 [木+一] 나무[木 나무 목] 아래에 표[一]를 하여 뿌리를 나타내고, 여기에서 사물의 '근본'이란 뜻으로 쓰이게 됨.

  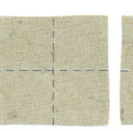 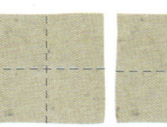 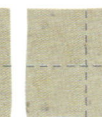 

部 떼 부

- 부수 : 우부방(阝)
- 총획 : 11획

部分부분 : 전체를 몇으로 나눈 것 중의 하나. ↔ 전체(全體).
內部내부 : 사물의 안쪽. 안. 속. ¶**내부** 공개
主部주부 : 주되는 부분.
中部중부 : 어떤 지역의 가운데 부분. ¶**중부** 지방
南部남부 : 어떤 지역의 남쪽 부분. ¶**남부** 지방

쓰는 순서 亠 亠 立 立 产 音 音 音 咅 咅 部

도움말 [音+阝] 나라를 편하게 다스리기 위해 국토를 여러 고을[阝=邑 마을 읍]로 나눈 [音 가를 부] 데서 '나누다', '떼'의 뜻이 됨.

나눌 분

- 부수 : 칼 도(刀)
- 총획 : 4획

分母분모 : 분수 또는 분수식에서, 가로줄의 아래에 적는 수.
分數분수 : 자기 신분에 맞는 한도. ¶**분수**를 모르다
分身분신 : 하나의 주체에서 갈라져 나온 것.
分室분실 : 본부가 아닌 곳에 따로 마련한 사무실.
分野분야 : 사물을 어떤 기준에 따라 구분한 각각의 영역.

쓰는 순서 ノ 八 今 分

도움말 [八+刀] 칼[刀 칼 도]로 물건을 나눈다[八]는 데서 '나누다', 칼로 쪼개듯 사리를 가린다는 데서 '분별하다'의 뜻이 됨.

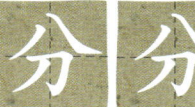 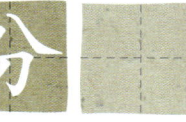

하여금/부릴 사

- 부수 : 사람 인(亻)
- 총획 : 8획

使用사용 : 사람이나 물건 등을 쓰거나 부림. ¶기구를 **사용**하다
使命사명 : 맡겨진 임무. ¶중대한 **사명**
水使수사 : 수군 절도사.
天使천사 : '마음씨 곱고 어진 사람'을 비유하여 이르는 말.
通信使통신사 : 조선 시대에, 일본으로 보내던 사신.

쓰는 순서 ノ 亻 亻 仁 仵 伃 使 使

도움말 [亻+吏] 상급자[亻=人 사람 인]가 담당 관리[吏 벼슬아치 리]에게 일을 시킨다는 데서 '부리다'의 뜻이 됨.

 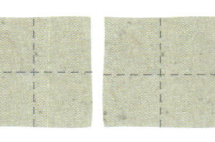

죽을 사

- 부수 : 죽을 사(歹)
- 총획 : 6획

死後사후 : 죽은 뒤. ↔ 생전(生前).
生死생사 : 삶과 죽음. ¶**생사** 불명
死線사선 : 죽을 고비. ¶**사선**을 넘다
死活사활 : 죽음과 삶. 죽느냐 사느냐의 갈림. ¶**사활**을 걸다
戰死전사 : 전쟁터에서 싸우다가 죽음.

쓰는 순서 一 ア 歹 歹 歹 死

도움말 [歹+匕] 사람이 죽어[匕=化 죽을 화] 뼈가 산산이 흩어지는[歹 부서진뼈 알] 모양에서 '죽음'을 뜻하게 됨.

社 모일 사

- 부수 : 보일 시(示)
- 총획 : 8획

社會사회 : 공동생활을 하는 인간의 집단. ¶인류 **사회**
社旗사기 : 회사의 기.
社交사교 : 사회생활에서의 사람끼리의 사귐.
社長사장 : 회사의 대표자.
社主사주 : 회사의 주인.

쓰는 순서 一 ㇒ 亍 亓 示 示 社社

도움말 [示+土] 사람들이 모여 토지[土 흙 토]의 신에게 제[示 제사 시]를 지낸다는 데서 '제사지내다', '모이다'의 뜻이 됨.

社 社

書 글/책 서

- 부수 : 가로 왈(曰)
- 총획 : 10획

文書문서 : 실무상 필요한 사항을 문장으로 적어서 나타낸 글.
書記서기 : 문서를 관리하거나 기록을 맡아보는 사람.
書式서식 : 서류의 양식. 서류를 작성하는 법식. 서례(書例).
親書친서 : 몸소 글씨를 씀.
書畫서화 : 글씨와 그림을 아울러 이르는 말. ¶**서화** 전시회

쓰는 순서 ㇒ ㇇ ㇗ 킈 聿 聿 書 書 書 書

도움말 [聿+曰] 전해오는 말[曰 말할 왈]을 붓[聿 붓 율]으로 적은 것이라는 데서 '글', '책'을 뜻하게 됨.

書 書

石 돌 석

- 부수 : 돌 석(石)
- 총획 : 5획

石油석유 : 천연으로 지하에서 솟아나는 탄화수소류의 혼합물. 불에 잘 타며, 정제하여 휘발유·등유·경유 따위를 만듦.
自然石자연석 : 인공을 가하지 않은 자연 그대로의 돌. 천연석.
木石목석 : 나무와 돌. 나무나 돌처럼 아무런 감정도 없는 사람을 비유적으로 이르는 말. ¶**목석**같은 사람

쓰는 순서 一 ㇒ ㇇ 石 石

도움말 전서 石 언덕[厂 언덕 엄] 아래 뒹굴고 있는 돌덩이[口]의 모양을 본뜬 글자로 '돌', '단단하다'의 뜻.

石 石

席

자리 석

부수 : 수건 건(巾)
총획 : 10획

出席출석 : 수업이나 회합·집회 따위에 나감. ↔ 결석(缺席).
空席공석 : 비어 있는 좌석이나 직위. 빈자리.
立席입석 : 서서 타거나 구경하는 자리. ↔ 좌석(座席).
合席합석 : 한자리에 같이 앉음.
病席병석 : 병자가 앓아누워 있는 자리. ¶**병석**에 눕다

쓰는 순서 : ` 亠 广 广 庄 庄 庙 庙 席 席

도움말 여러 사람[庶←庶 무리 서]이 앉을 수 있게 만든 깔개[巾 헝겊 건]에서 [庶+巾] '펴다', '깔다', '자리'의 뜻으로 쓰이게 됨.

線

줄 선

부수 : 실 사(糸)
총획 : 15획

直線직선 : 곧은 줄. ↔ 곡선(曲線).
戰線전선 : 전쟁에서 직접 전투가 벌어지는 지역.
有線유선 : 통신 따위에서, 전선(電線)을 사용함. ↔ 무선(無線).
電線전선 : 전류가 통하도록 만든 도체의 금속선. 전기선.
線路선로 : 기차나 전차 등이 다니는 길. 철로.

쓰는 순서 : ` ﾑ 幺 幺 糸 糸 糸 紗 紗 紗 紒 綷 緽 線 線

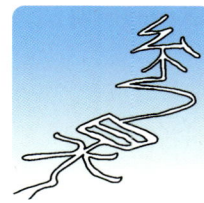

도움말 실타래에서 풀린 실처럼[糸 실 사] 길게 흐르는 샘[泉 샘 천]의 물줄기를 [糸+泉] 본떠 가느다란 '실', '줄'을 나타냄.

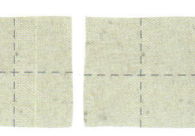

雪

눈 설

부수 : 비 우(雨)
총획 : 11획

白雪백설 : 흰 눈.
春雪춘설 : 봄에 내리는 눈. 봄눈.
大雪대설 : 아주 많이 오는 눈. ¶**대설**로 교통이 마비되었다

쓰는 순서 : ` 一 广 广 币 币 雨 雨 雪 雪 雪

도움말 비[雨 비 우]가 얼어 흩날리며 내리는 하얀 눈을 비[⺕←彗 비 혜]로 쓰는 [雨+⺕] 모양에서 '눈', '희다', '씻다'의 뜻을 나타냄.

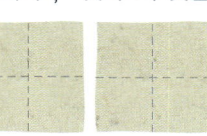

成

이룰 성

- 부수 : 창 과(戈)
- 총획 : 7획

成人성인 : 이미 성년이 된 사람. 어른. ¶성인의 날
成長성장 : 사람이나 동물 등이 자라남.
成形성형 : 일정한 모양을 이룸.
大成대성 : 크게 이룸. 크게 성공함.
作成작성 : 원고·서류·계획 따위를 만듦. ¶보고서 작성

쓰는 순서) 厂 厂 厉 成 成 成

도움말 [戊+丁] 무성한[戊 무성할 무] 나무와 같이 건강하고 활기찬 젊은이[丁 장정 정]가 목적한 바를 이룬다는 데서 '이루다'의 뜻이 됨.

成 成

省

살필 성/덜 생

- 부수 : 눈 목(目)
- 총획 : 9획

反省반성 : 자기의 언행에 대해서 잘못이나 부족함이 없는지 돌이켜 봄.
自省자성 : 스스로 반성함.
內省내성 : 속으로 반성함.

쓰는 순서 丨 丿 小 少 少 肖 省 省 省

도움말 [少+目] 사물을 대할 때 하찮은[少 적을 소] 것까지 눈여겨보는[目 눈 목] 모양에서 '살피다', '줄이다'는 뜻이 됨.

省 省

消

사라질 소

- 부수 : 삼수변(氵)
- 총획 : 10획

消火소화 : 불을 끔. ¶비상 소화 대책
消日소일 : 세월을 보냄.
消失소실 : 사라져 없어짐.
消化소화 : 섭취한 음식물을 분해하여 영양분을 흡수하기 쉬운 형태로 변화시키는 일. ¶소화가 다 되다

쓰는 순서 丶 冫 氵 氵 氵 沙 沙 消 消 消

도움말 [氵+肖] 물[氵=水 물 수]이 줄어들어 없어지는[肖 없어질 초] 모양에서 '사라지다', '다하다'의 뜻을 나타냄.

消 消

速 빠를 속

- 부수 : 책받침(辶)
- 총획 : 11획

速力속력 : 자동차·기차·항공기 따위의 빠르기. ¶**속력**을 내다
速記속기 : 남의 말을 기호를 이용하여 빠르게 받아 적는 일.
急速급속 : 몹시 빠름. ¶**급속**한 성장
時速시속 : 한 시간을 단위로 하여 잰 평균 속도. ¶**시속** 100km
球速구속 : 야구에서 투수가 던지는 공의 속도. ¶**구속**이 빠르다

쓰는 순서 : 一 ㄱ ㅋ 日 束 束 束 涑 涑 涑 速

도움말 [束+辶] 약속[束 약속할 속]을 지키기 위해 서둘러 달리는[辶=辵 달릴 착] 모양에서 '빠르다'는 뜻을 나타냄.

孫 손자 손

- 부수 : 아들 자(子)
- 총획 : 10획

祖孫조손 : 할아버지와 손자.
孫子손자 : 아들 또는 딸의 아들.
子孫자손 : 아들·손자·증손 및 후손을 통틀어 이르는 말.
後孫후손 : 여러 대가 지난 뒤의 자손.
王孫왕손 : 임금의 손자 또는 후손.

쓰는 순서 : 丁 了 子 孑 孑 孫 孫 孫 孫 孫

도움말 [子+系] 아들[子 아들 자]의 뒤를 이어[系 이을 계] 혈통을 이어갈 자손으로, '손자'를 뜻함.

樹 나무 수

- 부수 : 나무 목(木)
- 총획 : 16획

樹木수목 : 나무. ¶**수목**이 우거지다
植樹식수 : 나무를 심음, 또는 그 나무.
樹林수림 : 나무가 우거진 숲.
樹立수립 : 국가나 정부, 제도, 계획 따위를 이룩하여 세움. ¶정책 **수립**

쓰는 순서 :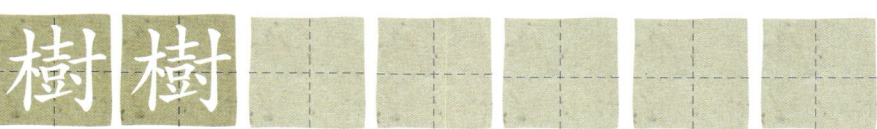

도움말 [木+尌] 나무[木 나무 목]를 곧게 세우는[尌 세울 주] 모양에서 '세우다', '심다'는 뜻을 나타냄.

재주/꾀 **술**

부수 : 다닐 행(行)

총획 : 11획

道術도술 : 도를 닦아 여러 가지 조화를 부리는 요술이나 술법.
學術학술 : 학문의 방법.
話術화술 : 말재주. ¶뛰어난 **화술**
手術수술 : 몸의 일부를 째거나 도려내거나 하여 병을 낫게 하는 외과적인 치료 방법. ¶맹장 **수술**

쓰는 순서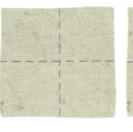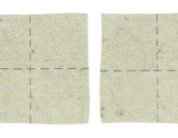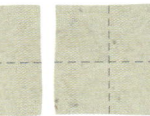

도움말 [行+朮] 삽주[朮 삽주 출]의 뿌리와 같이 숱하게 갈래진 작은 길[行 길 행]의 모양에서 '길', '방법'을 뜻하게 됨.

익힐 **습**

부수 : 깃 우(羽)

총획 : 11획

自習자습 : 혼자서 공부하여 익힘. 독습(獨習). ¶**자습** 시간
學習학습 : 배워서 익힘. ¶자율 **학습**
敎習교습 : 가르쳐서 익히게 함.
世習세습 : 대를 이어 물려주거나 받는 일.
習字습자 : 글씨 쓰기를 배워 익힘. ¶**습자** 연습

쓰는 순서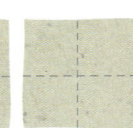

도움말 [羽+白] 어린 새가 날개[羽 깃 우]를 파닥거리며 스스로[白←自 스스로 자] 날기를 연습하는 모양에서 '익히다'는 뜻이 됨.

이길 **승**

부수 : 힘 력(力)

총획 : 12획

勝者승자 : 운동 경기나 싸움에서 이긴 사람, 또는 이긴 편. ↔ 패자(敗者). ¶**승자**와 패자를 가리다
全勝전승 : 한 번도 지지 않고 모조리 이김.
五勝오승 : 다섯 번 이김.
勝戰승전 : 싸움에 이김. ¶**승전** 소식

쓰는 순서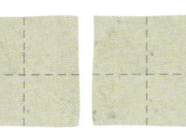

도움말 [月+券] 배[月←舟 배 주]의 틈새에서 솟아오르는 물을 수고롭게[券 수고로울 권] 막아낸 데서 '이기다'의 뜻이 됨.

비로소 시

부수 : 계집 녀(女)
총획 : 8획

始作시작 : 처음으로 하거나 쉬었다가 다시 함.
始祖시조 : 한 가계나 왕계의 초대가 되는 사람. ¶고려의 **시조**
始動시동 : 전동기나 기계 따위가 움직이기 시작함.
始發시발 : 맨 처음 출발하거나 발차함. ¶**시발** 버스
開始개시 : 행동이나 일 따위를 처음 시작함. ¶행동 **개시**

쓰는 순서 : ㄑ ㄠ 女 妙 妙 始 始 始

[女+台] 여자[女 계집 녀]가 잉태하여 아기를 기르는 것[台 기를 태]은 생명의 처음이라는 데서 '처음', '비로소'를 뜻하게 됨.

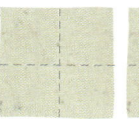 

법 식

부수 : 주살 익(弋)
총획 : 6획

形式형식 : 겉모양. 외형. ¶새로운 **형식**
定式정식 : 방식이나 격식을 일정하게 정함.
方式방식 : 어떤 일정한 형식이나 방법. ¶경기 **방식**
入場式입장식 : 운동 경기 따위의 첫날, 경기장에 선수들이 들어올 때 하는 의식.

쓰는 순서 : 一 ㄏ 〒 工 式 式

[工+弋] 장인[工 장인 공]이 기구를 만들 때는 정확하게 자로 재어 먹물[弋 검을 익]로 표하는 엄격함에서 '법', '본'의 뜻이 됨.

귀신 신

부수 : 보일 시(示)
총획 : 10획

失神실신 : 정신을 잃음.
神通신통 : 신기할 정도로 묘함. ¶족집게처럼 **신통**하다
神話신화 : 설화의 한 가지. 국가의 기원이나 신의 사적(事績), 유사 이전의 민족사 등의 신성한 이야기.
神明신명 : 하늘과 땅의 신령. ¶천지 **신명**

쓰는 순서 : 一 ㄒ 亍 示 示 示 和 和 神 神

[示+申] 만물을 펴내고[申 펼 신] 복과 화를 내리는[示 알릴 시] 자라고 하여 '귀신', '신'을 뜻하게 됨.

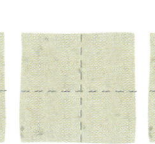 

身

몸 신

부수 : 몸 신(身)

총획 : 7획

身體신체 : 사람의 몸. ¶건강한 **신체**
自身자신 : 제 몸. 자기. ¶네 **자신**을 알라
心身심신 : 마음과 몸. ¶**심신**을 단련하다
身長신장 : 사람의 키.
長身장신 : 키가 큰 몸, 또는 그런 몸을 가진 사람.

쓰는 순서 : ′ ⺁ ⺁ ⺁ 自 身 身

도움말 아기를 가진 여자의 모습을 본뜬 글자로, '몸', '아이 배다'는 뜻.

 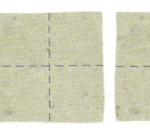 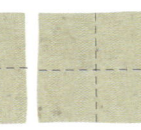 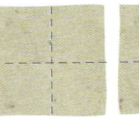

信

믿을 신

부수 : 사람 인(亻)

총획 : 9획

信用신용 : 언행이나 약속이 틀림이 없을 것으로 믿음.
通信통신 : 서로 소식이나 정보를 교환·연락하는 일.
自信자신 : 자기의 값어치나 능력을 믿음, 또는 그런 마음.
失信실신 : 신용을 잃음.
電信전신 : 전류나 전파를 이용한 통신.

쓰는 순서 : ′ 亻 亻 亻⺁ 亻⺁ 信 信 信

도움말 [亻+言] 사람[亻=人 사람 인]이 하는 말[言 말씀 언]은 마음에서 나온다 하여 '믿다', '참되다'의 뜻을 나타내게 됨.

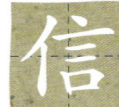  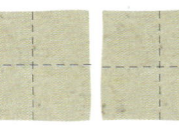  

新

새 신

부수 : 날 근(斤)

총획 : 13획

新人신인 : 어떤 분야에 새로 나서서 활동을 시작한 사람. ¶**신인** 가수
新年신년 : 새해. 설.
新生신생 : 새로 생겨남.
新式신식 : 새로운 형식.

쓰는 순서 : ′ 亠 亠 立 立 辛 辛 亲 亲 新 新 新

도움말 [亲+斤] 도끼[斤 도끼 근]로 나무를 벤[亲 벨 진] 자리가 선명한 데서 '새', '새롭다', '새롭게 하다'는 뜻이 됨.

  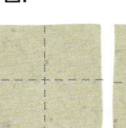   

失

잃을 실

- 부수 : 큰 대(大)
- 총획 : 5획

失手실수 : 부주의로 잘못을 저지름, 또는 그 잘못. ¶**실수**로 생긴 사고
失言실언 : 하지 않아야 할 말을 얼떨결에 함, 또는 그 말.
失業실업 : 생업을 잃음.
失明실명 : 눈이 어두워짐. 시력을 잃음.

쓰는 순서 ノ ト 二 失 失

도움말 손[手←手 손 수]에서 물건이 선을 그으며[乙←乙 표할 을] 빠져 떨어져 [手+乙] 나가는 모양에서 '잃다'는 뜻이 됨.

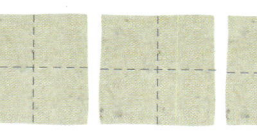 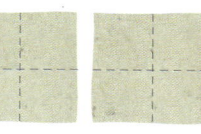 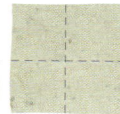

愛

사랑 애

- 부수 : 마음 심(心)
- 총획 : 13획

愛國애국 : 자기 나라를 사랑함. ¶**애국** 정신
愛國歌애국가 : 나라 사랑을 일깨우고 다짐하기 위하여 온 국민이 부르는 노래. ¶**애국가** 제창
愛讀애독 : 어떤 책이나 신문·잡지 따위를 즐겨 읽음. ¶문학지를 **애독**하다

쓰는 순서 ノ ノ ヽ ヽ ヽ ヽ ヽ ヽ ヽ ヽ 愛 愛 愛

도움말 아기를 손[爫 손톱 조]으로 에워싸 안고[冖 덮을 멱] 예뻐할 때 따라가는 [爫+冖+心+夊] [夊 천천히걸을 쇠] 마음[心 마음 심]에서 '사랑'을 뜻함.

  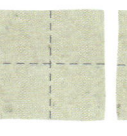 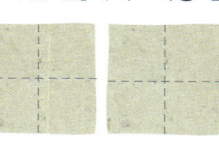  

夜

밤 야

- 부수 : 저녁 석(夕)
- 총획 : 8획

夜間야간 : 밤사이. 밤 동안. ↔주간(晝間). ¶**야간** 작업을 하다
夜食야식 : 밤에 음식을 먹음, 또는 그 음식.
夜行야행 : 밤에 길을 감. 밤길.
夜話야화 : 밤에 모여서 하는 가벼운 이야기.

쓰는 순서 ㆍ 亠 广 疒 疒 夜 夜 夜

도움말 해가 지고 다시[亠←亦 또 역] 저녁[夊←夕 저녁 석]이 되면 어두운 밤이 [亠+夊] 되는 데서 '밤', '캄캄하다'는 뜻을 나타냄.

  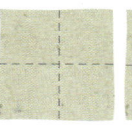 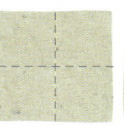   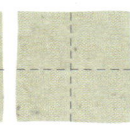

한자능력검정시험 6급 **39**

野

들 야

부수 : 마을 리(里)
총획 : 11획

平野평야 : 넓게 펼쳐진 들. ¶드넓은 **평야**
野生야생 : 동식물이 산이나 들에서 절로 나고 자람.
野外야외 : 들판. ¶**야외**로 놀러 가다
山野산야 : 산과 들을 아울러 이르는 말. ¶조국의 **산야**
林野임야 : 숲이 있거나 개간되지 않은 땅.

쓰는 순서 : 丶 冂 曰 日 旦 甲 里 野 野 野 野

도움말 [里+予] 사람을 위해 곡식을 키워주는[予 줄 여] 논[土 흙 토]과 밭[田 밭 전]의 모양을 본떠 '들' 이라고 함.

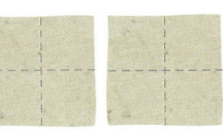   

弱

약할 약

부수 : 활 궁(弓)
총획 : 10획

老弱者노약자 : 늙은이와 연약한 어린이.
弱國약국 : 힘이 약한 나라. ↔ 강국(强國).
弱小약소 : 약하고 작음. ¶**약소** 국가
弱者약자 : 약한 사람.

쓰는 순서 : 丁 丂 弓 弓 弓ʼ 弱ʼ 弱ʼ 弱 弱 弱

도움말 전 弱 깃털[彡]이 얽혀 활등[弓 활 궁] 같은 어린 새새끼의 두 날개가 처진 모양을 본떠 '어리다', '약하다'의 뜻이 됨.

 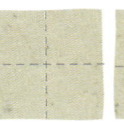   

藥

약 약

부수 : 초두(艹)
총획 : 19획

洋藥양약 : 서양 의술과 제약 방법으로 만든 약. ↔ 한약(韓藥).
藥草약초 : 약으로 쓰이는 풀. ¶**약초** 재배
農藥농약 : 농업에서, 소독이나 병충해의 구제 등에 쓰는 약품.
藥物약물 : 약이 되는 물질.
韓藥한약 : 한방에서 쓰는 약. ↔ 양약(洋藥).

쓰는 순서 : 一 十 卝 艹 艹 艹 艹 艹 艹 艹 艹 艹 艹 艹 艹 華 藥 藥 藥

도움말 [艹+樂] 초목[艹=艹 풀 초]의 뿌리나 잎을 이용해 병을 낫게 하니 즐겁다[樂 즐거울 락]는 데서 '약'의 뜻으로 쓰게 됨.

      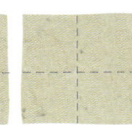

洋

큰바다 양

- 부수 : 삼수변(氵)
- 총획 : 9획

海洋해양 : 넓은 바다.
西洋서양 : 유럽과 남북아메리카의 여러 나라를 이르는 말.
大洋대양 : 넓고 큰 바다.
東洋동양 : 동쪽 아시아 일대. ↔ 서양(西洋).
洋食양식 : 서양식의 음식. 서양 요리.

쓰는 순서 : 丶 丶 氵 氵 氵 汫 洋 洋 洋

도움말 [氵+羊] : 많은 양[羊 양 양]의 무리가 움직이는 것처럼 큰 물결[氵=水 물 수]의 모양을 본떠 '큰 물결', '큰 바다'의 뜻으로 씀.

陽

볕 양

- 부수 : 좌부방(阝)
- 총획 : 12획

太陽태양 : 태양계의 중심이 되는 별. ¶ **태양** 광선
陽地양지 : 볕이 바로 드는 곳. ↔ 음지(陰地).
夕陽석양 : 저녁 해. 낙양(落陽). ¶ **석양**에 붉게 물든 하늘
陽氣양기 : 햇볕의 따뜻한 기운.

쓰는 순서 : 丶 乛 阝 阝 阝 阝 阝 阝 阝 陽 陽 陽

도움말 [阝+昜] : 햇볕[昜 볕 양]이 잘 드는 언덕[阝=阜 언덕 부]의 모양을 본떠 '볕', '양지'의 뜻으로 쓰임.

言

말씀 언

- 부수 : 말씀 언(言)
- 총획 : 7획

言語언어 : 생각이나 느낌을 음성으로 전달하는 수단과 체계.
言行언행 : 말과 행동. ¶ 올바른 **언행**
金言금언 : 삶에 본보기가 될 귀중한 내용의 짧은 어구.
方言방언 : 표준어와는 다른, 어떤 지역이나 지방에서만 쓰이는 특유한 언어. 사투리.

쓰는 순서 : 丶 二 亖 言 言 言 言

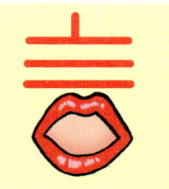

도움말 [䇂+口] : 생각한 바를 곧바로 찔러[䇂←辛 찌를 건] 말하는[口 입 구] 모양에서 '말씀', '말하다'의 뜻을 나타냄.

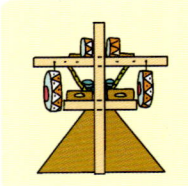

업 업

부수 : 나무 목(木)

총획 : 13획

事業사업 : 생산과 영리를 목적으로 하는 지속적인 경제 활동.
農業농업 : 농사에 종사하는 직업.
業主업주 : 영업소의 주인.
工業공업 : 원료에 인공을 가하여 새로운 물품을 만드는 산업.
學業학업 : 공부. 학문을 닦는 일. ¶**학업** 성적

쓰는 순서 :

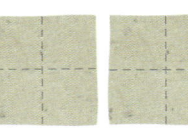 도움말 옛날에 종이나 북 따위를 거는 악기의 틀을 본뜬 자로, 이 틀에 무늬 새기는 것을 일삼은 데서 '업', '직업'의 뜻으로 쓰임.

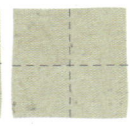 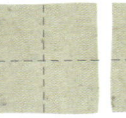 

길 영

부수 : 물 수(水)

총획 : 5획

永遠영원 : 언제까지고 계속하여 끝이 없음, 또는 끝없는 세월. ¶**영원**한 이별
永同영동 : 충청북도 영동군에 위치한 지명.
永住영주 : 일정한 곳에 오래 삶. ¶미국에서 **영주**하다
永生영생 : 영원히 생존함.

쓰는 순서 :

 도움말 지류를 받아들이며 흐르는 물줄기를 본뜬 글자로, 여러 갈래의 흐름이 길게 이어지는 모양에서 '길다'는 뜻이 됨.

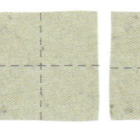  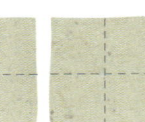

꽃부리 영

부수 : 초두(艹)

총획 : 9획

英特영특 : 뛰어나게 영명함. ¶**영특**하고 총명한 아이
英國영국 : 유럽 대륙 서쪽에 있는 섬나라.
英語영어 : 영국을 비롯한 미국·캐나다 등에서 사용하는 언어.
英才영재 : 뛰어난 재능이나 지능, 또는 그런 지능을 가진 사람. ¶**영재** 교육

쓰는 순서 :

 도움말 초목[艹=艸 풀 초]에서 가장 아름다운 꽃의 중심[央 가운데 앙]인 '꽃부리'를 뜻함. [艹+央]

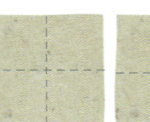  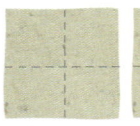 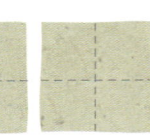

溫

따뜻할 온

- 부수 : 삼수변(氵)
- 총획 : 13획

溫水온수 : 따뜻한 물. 더운물. ↔ 냉수(冷水).
溫室온실 : 난방 장치를 한 방.
溫氣온기 : 따뜻한 기운. ¶ 방 안에 **온기**가 돌다
溫風온풍 : 따뜻한 바람.
體溫체온 : 생물체가 가지고 있는 온도.

쓰는 순서 : 氵氵氵氵沪沪沪泗泗昷昷溫溫

도움말 [氵+昷] 온화한 마음으로 그릇[皿 그릇 명]에 물[氵=水 물 수]을 떠 죄수[囚 죄인 수]에게 주니 '따뜻하다' 는 뜻.

用

쓸 용

- 부수 : 쓸 용(用)
- 총획 : 5획

用語용어 : 일정한 전문 분야에서 주로 많이 사용하는 말.
登用등용 : 인재를 뽑아 씀.
有用유용 : 쓸모가 있음. ↔ 무용(無用). ¶ **유용**한 인재
全用전용 : 온통 다 씀. 온전히 씀.
通用통용 : 세상에 두루 쓰임.

쓰는 순서 : ノ 冂 冂 月 用

도움말 가축을 기르는 우리의 울타리 모양을 본뜬 글자로 '쓰다', '베풀다'의 뜻.

勇

날랠 용

- 부수 : 힘 력(力)
- 총획 : 9획

勇氣용기 : 씩씩하고 굳센 기운. ¶ **용기**를 내다

쓰는 순서 : 一 フ マ ア 丙 吊 甬 甬 勇 勇

도움말 [甬+力] 힘[力 힘 력]이 용솟음치니[甬 솟아오를 용] 행동이 날래고 '용맹스럽다' 는 뜻.

옮길 운

- 부수 : 책받침(辶)
- 총획 : 13획

運動운동 : 몸을 단련하거나 건강을 위하여 몸을 움직이는 일.
運命운명 : 타고난 운수나 수명. ¶운명의 여신
運動場운동장 : 체육이나 운동 경기를 하기 위해 갖춘 큰 마당.
氣運기운 : 어떤 일이 벌어지려고 하는 분위기.
不運불운 : 운수가 좋지 아니함. 또는 그러한 운수.

쓰는 순서 :

도움말 [軍+辶] : 병사[軍 군사 군]들이 전차를 몰고 가는[辶=辵 쉬엄쉬엄갈 착] 모양에서 '옮기다', '움직이다'는 뜻이 됨.

동산 원

- 부수 : 큰입구(囗)
- 총획 : 13획

庭園정원 : 뜰, 특히 잘 가꾸어 놓은 넓은 뜰. ¶정원을 가꾸다
花園화원 : 꽃을 심은 동산. 꽃밭.
公園공원 : 국가나 지방 공공 단체가 공중의 보건·휴양·놀이 따위를 위하여 마련한 정원, 유원지, 동산 등의 사회 시설.

쓰는 순서 :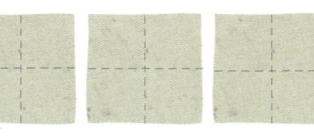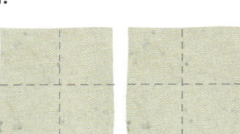

도움말 [囗+袁] : 열매가 많이 열려 주렁주렁 늘어진[袁 옷길 원] 과일나무들이 울타리에 둘러싸인[囗 큰입구] 모양에서 '동산', '뜰'의 뜻이 됨.

멀 원

- 부수 : 책받침(辶)
- 총획 : 14획

遠近원근 : 멀고 가까움. 또는 먼 곳과 가까운 곳.
遠大원대 : 계획이나 희망 따위의 규모가 큼. ¶원대한 꿈
遠洋원양 : 뭍에서 멀리 떨어진 바다.
遠交원교 : 먼 나라와 친교를 맺음.
遠路원로 : 먼 길.

쓰는 순서 :

도움말 [袁+辶] : 간단하게나마 옷[袁 옷길 원]을 챙겨 떠나가야[辶=辵 쉬엄쉬엄갈 착] 할 만큼 갈 길이 '멀다'는 뜻.

由

말미암을 유

- 부수 : 밭 전(田)
- 총획 : 5획

自由자유 : 남에게 얽매이거나 구속받거나 하지 않고, 자기 마음대로 행동하는 일. ¶**자유**를 누리다
由來유래 : 사물이나 일이 생겨남. 또는 그 사물이나 일이 생겨난 바. ¶**유래**가 깊다
事由사유 : 일의 까닭. ¶**사유**를 밝히다

쓰는 순서 : ㅣ 冂 冃 由 由

도움말 : 열매가 꼭지로 하여 매달린 모양에서 '까닭', '말미암다'의 뜻이 됨.

油

기름 유

- 부수 : 삼수변(氵)
- 총획 : 8획

注油주유 : (기계의 마찰 부분이나 자동차 따위에) 기름을 치거나 넣음.
重油중유 : 원유에서 휘발유, 등유, 경유 따위를 뽑아낸 검은 갈색의 걸쭉한 찌꺼기 기름.
油畫유화 : 서양화에서, 물감을 기름에 개어 그리는 그림.

쓰는 순서 : ㆍ 丶 氵 氵 汩 油 油 油

도움말 [氵+由] : 여과장치인 용수를 거쳐[由 말미암을 유] 나온 끈적끈적한 액체[氵=水 물 수]에서 '기름'의 뜻이 됨.

銀

은 은

- 부수 : 쇠 금(金)
- 총획 : 14획

銀行은행 : 일반인의 예금을 맡고 다른 데 대부하는 일, 유가 증권을 발행·관리하는 일 등을 하는 금융 기관.
金銀금은 : 금과 은.
水銀수은 : 상온에서 유일하게 액체 상태로 있는 은백색의 금속 원소.

쓰는 순서 : ノ 人 ㅅ 亼 亽 牟 余 金 金' 釒 鉅 鉅 銀 銀

도움말 [金+艮] : 언뜻 눈을 돌렸을 때[艮 한정할 간]의 흰자위처럼 흰빛을 내는 깨끗한 쇠붙이[金 쇠 금]의 모양에서 '은'의 뜻이 됨.

音

소리 음

- 부수 : 소리 음(音)
- 총획 : 9획

音樂음악 : 인간의 사상이나 감정을 목소리나 악기를 통하여 나타내는 예술.
表音표음 : 말의 소리를 그대로 표시함. ¶**표음** 문자
音色음색 : 그 음이 지닌 특유한 성질이나 울림. ¶부드러운 **음색**

쓰는 순서 : 一 二 于 音 音 音 音 音 音

도움말 말소리에 마디가 있어 말씀 언[言] 아래 입 구[口]에 한 획[一]을 더한 모양으로, '소리', '말소리', '음악'을 뜻함.

飮

마실 음

- 부수 : 밥 식(食)
- 총획 : 13획

飮食음식 : 먹고 마시는 것. 음식물.
食飮식음 : 먹고 마심. ¶**식음**을 전폐하다
米飮미음 : 입쌀이나 좁쌀에 물을 충분히 붓고 푹 끓여 체에 걸러 낸 걸쭉한 음식. ¶**미음**을 끓이다

쓰는 순서 : 丿 𠆢 𠆢 今 今 今 食 食 食 飮 飮 飮

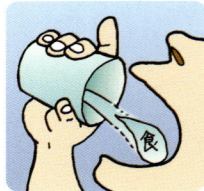

도움말 입을 크게 벌리고[欠 하품 흠] 물이나 술 따위를 마시는[食 먹을 식] 모양 [食+欠]에서 '마시다'의 뜻을 나타냄.

衣

옷 의

- 부수 : 옷 의(衣)
- 총획 : 6획

衣食의식 : 의복과 음식.
白衣백의 : 흰옷. ¶**백의**의 천사
上衣상의 : 윗옷. ↔ 하의(下衣).
下衣하의 : 몸의 아랫도리에 입는 옷.

쓰는 순서 : 亠 亠 ナ 衣 衣 衣

도움말 사람[亠 머리 두]이 저고리를 입고 옷깃[厶←옷섶 모양]을 여민 모양을 본뜬 글자.

뜻 의

부수 : 마음 심(心)
총획 : 13획

同意동의 : 제기된 주장, 의견 등에 대하여 의견을 같이함.
自意자의 : 자기 스스로의 생각이나 의견. ↔ 타의(他意).
意向의향 : 어떻게 할 것인가에 대한 생각. ¶의향을 타진하다
表意표의 : 말의 뜻을 글자로 나타냄. ¶표의 문자
合意합의 : 서로의 의지나 의견이 일치하는 일. ¶합의를 보다

쓰는 순서 一 亠 亠 立 产 产 产 音 音 音 音 意 意

도움말 [音+心] 마음[心 마음 심]에서 생각하는 바가 말소리[音 소리 음]에 나타난다는 데서 '뜻', '생각'을 뜻함.

   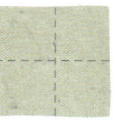 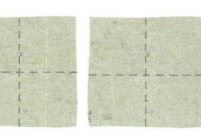 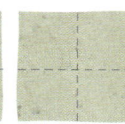 

의원 의

부수 : 닭 유(酉)
총획 : 18획

醫術의술 : 병을 고치는 기술. 의학에 관한 기술.
名醫명의 : 병을 잘 고치는, 이름난 의사.
韓醫한의 : 한방의 의술을 전문으로 하는 사람.
醫藥의약 : 병을 고치는 데 쓰는 약.

쓰는 순서 一 丆 丆 丆 丐 丐 医 医 医 医 医 医 医 医 医 医 醫 醫

도움말 [殹+酉] 끙끙 소리 내며[殹 소리마주칠 예] 앓는 환자에게 약술[酉 술 술]을 먹여 낫게 한다는 데서 '의원', '병 고치다'의 뜻이 됨.

   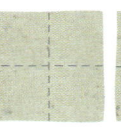 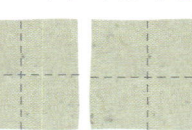  

놈/사람 자

부수 : 늙을 로(耂)
총획 : 9획

記者기자 : 신문ㆍ방송 등에서 기사를 모으거나 쓰는 사람.
長者장자 : 어른.
作者작자 : 책을 지은 사람. 지은이.
老學者노학자 : 오랜 경험과 권위가 있는, 나이 많은 학자.
信者신자 : 어떤 종교를 믿는 사람. 교인(敎人).

쓰는 순서 一 十 土 耂 耂 耂 者 者 者

도움말 [耂+白] 나이 많은 이[耂 늙은이 로]가 아랫사람에게 낮추어 말하는[白 말할 백] 모양에서 그 대상을 가리켜 '사람', '놈'을 뜻함.

   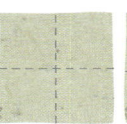 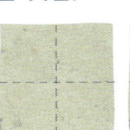 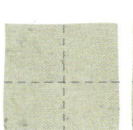 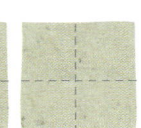

作

지을 작

부수 : 사람 인(亻)
총획 : 7획

作業작업 : 어떤 일터에서 일을 함, 또는 그 일.
作文작문 : 글을 지음, 또는 그 글.
作家작가 : 문학이나 예술의 창작 활동을 전문으로 하는 사람.
作名작명 : 이름을 지음.
工作공작 : 물건을 만드는 일.

쓰는 순서 : ノ 亻 亻 亻 亻 作 作 作

도움말 [亻+乍] 사람[亻=人 사람 인]이 잠시[乍 잠깐 사]도 쉬지 않고 일함으로써 무언가를 이루어낸다는 데서 '짓다', '일하다'는 뜻을 나타냄.

作 作

昨

어제 작

부수 : 날 일(日)
총획 : 9획

昨年작년 : 지난해.
昨日작일 : 어제.
昨今작금 : 요사이.

쓰는 순서 : 丨 冂 冂 日 日' 旷 昨 昨 昨

도움말 [日+乍] 하루 해[日 해 일]가 잠깐 사이[乍 잠깐 사]에 지고 다시 뜨니 그 전날을 가리키는 '어제'를 뜻함.

昨 昨

章

글 장

부수 : 설 립(立)
총획 : 11획

文章문장 : 어떤 생각이나 느낌을 줄거리를 세워 글자로 적어 나타낸 것.
圖章도장 : 개인이나 단체의 이름을 새긴 물건. 인장(印章). ¶도장을 찍다
旗章기장 : 국기, 군기, 교기 따위와 같이 특정한 단체나 개인을 대표하여 나타내는 기를 통틀어 이르는 말.

쓰는 순서 : ` 丶 亠 立 产 产 音 音 音 章 章

도움말 [音+十] 음악[音 소리 음] 또는 글을 한 단락[十 열 십]씩 끊어 기록하는 데서 '장', '글월'이란 뜻.

章 章

才 재주 재

- 부수 : 손 수(扌)
- 총획 : 3획

天才천재 : 태어날 때부터 갖춘 뛰어난 재주를 가진 사람.
文才문재 : 글재주.
人才인재 : 재주가 뛰어난 사람.
才色재색 : 재주와 용모.

쓰는 순서 一十才

도움말 초목[亅]의 새싹[丿]이 땅[一]에서 돋아나는 모양에서 새싹이 자라듯 사람의 능력도 발전한다는 데서 '재주'를 뜻함.

在 있을 재

- 부수 : 흙 토(土)
- 총획 : 6획

現在현재 : 이제. 지금.
所在소재 : 있는 바. 있는 곳. ¶책임의 소재
在野재야 : 초야에 파묻혀 있다는 뜻으로, 벼슬하지 아니하고 민간에 있음. ¶재야의 학자
在學재학 : 학교에 학적을 두고 공부함. ¶재학 중

쓰는 순서 一ナ才才存在

도움말 새싹[才←才 재주 재(싹이 땅에서 돋아나는 모양)]이 흙[土 흙 토] 위로 나와 있는 모양을 본떠 '있다'의 뜻이 됨.

戰 싸움 전

- 부수 : 창 과(戈)
- 총획 : 16획

戰後전후 : 전쟁이 끝난 뒤.
休戰휴전 : 하던 전쟁을 얼마 동안 쉼.
戰場전장 : 싸움터. 전선(戰線).
大戰대전 : 여러 나라가 넓은 지역에 걸쳐 큰 싸움을 벌임.
戰術전술 : 작전의 수행 방법이나 기술. ¶유격 전술

쓰는 순서 丨 口 円 丹 丹 单 単 戰 戰 戰

도움말 홀로[單 홑 단] 무기[戈 창 과]를 들고 치열하게 맞서는 모양에서 '싸우다', '전쟁하다'는 뜻.

 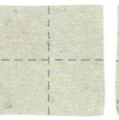

庭

뜰 정

부수 : 엄호(广)
총획 : 10획

家庭가정 : 가족이 함께 생활하는, 사회의 가장 작은 집단.
親庭친정 : 시집간 여자의 본집. 본가(本家).
校庭교정 : 학교의 운동장.
庭球정구 : 경기장 바닥에 네트를 가로질러 치고 그 양쪽에서 라켓으로 공을 주고받아 승패를 겨루는 경기.

쓰는 순서: 丶亠广广广庄庄庭庭庭

[广+廷] 본디 벽 없이 지붕이 덮인(广 집 엄) 조정[廷 조정 정]의 작은 뜰에서 백성들이 사는 집의 '뜰'을 뜻하게 됨.

 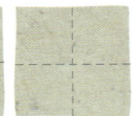 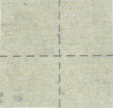 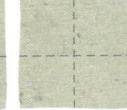

定

정할 정

부수 : 갓머리(宀)
총획 : 8획

安定안정 : 흔들림이 없이 안전하게 자리 잡음. ¶물가 **안정**
定數정수 : 일정하게 정하여진 수효나 수량.
定立정립 : 정하여 세움.
定足數정족수 : 의사의 의결에 필요한 구성원의 출석수. ¶**정족수** 미달

쓰는 순서: 丶丶宀宀宀宇定定

[宀+疋] 집[宀 집 면]에서 바른[疋 바를 필] 자세를 지킨다는 데서 '정하다', '편안하다'는 뜻을 나타냄.

  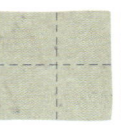 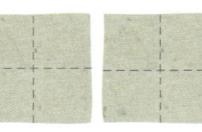 

第

차례 제

부수 : 대 죽(竹)
총획 : 11획

第一제일 : 여럿 중 첫째가는 것.
第三國제삼국 : 국제간의 분쟁 또는 기타 사건에 직접 관계가 있거나 관계한 나라 이외의 나라.
第三者제삼자 : 일정한 일에 직접 관계가 없는 사람. ¶**제삼자**가 개입하다

쓰는 순서: 丿⺊⺊⺮⺮竺竺笃笃第第

[竹+弟] 글을 쓴 대쪽[竹←竹簡(죽간)]들을 위에서 아래[弟←弟 아우 제]로 순서대로 엮은 것이라는 데서 '순서', '차례'를 뜻함.

  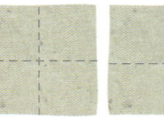   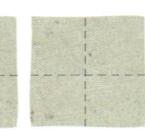

題

제목 제

- 부수 : 머리 혈(頁)
- 총획 : 18획

話題화제 : 이야깃거리. 이야기 제목. ¶화제를 바꾸다
題號제호 : 책자 따위의 제목.
問題문제 : 해답을 필요로 하는 물음. ¶시험 문제를 풀다
命題명제 : 시문 따위의 글에 제목을 정함. 또는 그 제목.
主題주제 : 대화나 연구 따위에서 중심이 되는 문제.

쓰는 순서 : 丨 冂 冃 日 旦 早 旱 𣊫 是 是 是 匙 題 題 題 題 題 題

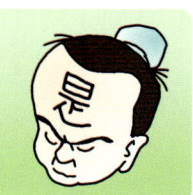

도움말 [是+頁] 옛날에 노예임을 나타내기 위해 이마[頁 머리 혈]에 새긴 표적[是 바로잡을 시]에서 책을 구분하기 위한 '제목'의 뜻이 됨.

題 題

朝

아침 조

- 부수 : 달 월(月)
- 총획 : 12획

朝夕조석 : 아침과 저녁을 아울러 이르는 말. ¶부모님께 조석으로 문안을 드린다
朝會조회 : 학교나 관청 따위에서 아침에 모든 구성원이 한자리에 모이는 일. 또는 그런 모임. ¶조회 시간
朝食조식 : 아침밥.

쓰는 순서 : 一 十 ナ 古 古 百 卓 卓 朝 朝 朝 朝

도움말 [𠦝+月] 달[月 달 월]이 지면 해가 돋아[𠦝←倝 해돋을 간] 날이 밝아 온다는 데서 '아침'을 뜻함.

朝 朝

族

겨레 족

- 부수 : 모 방(方)
- 총획 : 11획

民族민족 : 인종을 언어와 풍속 등을 표준으로 하여 가른 집단.
家族가족 : 혈연과 혼인 관계 등으로 이루어지는 집단.
同族동족 : 같은 겨레붙이.
部族부족 : 같은 조상·언어·종교를 가진, 원시 사회나 미개 사회의 구성 단위가 되는 지역적 생활 공동체.

쓰는 순서 : 丶 亠 亍 方 方 㐭 㐲 㐲 㐲 族 族

도움말 [㫃+矢] 전쟁이 나면 한 깃발[㫃 깃발 언] 아래 같은 핏줄의 무리가 활[矢 화살 시]을 들고 싸운다는 데서 '겨레', '민족'을 뜻함.

族 族

注

부을 주

- 부수 : 삼수변(氵)
- 총획 : 8획

注入주입 : 액체를 물체 안에 흘려 넣음. ¶주사액 **주입**
注油所주유소 : 자동차에 기름을 넣어 주는 곳.
注文주문 : 품종·수량·모양·크기 등을 일러 주고, 그렇게 만들거나 보내어 달라고 부탁하는 일.
注意주의 : 마음에 새겨 조심함. ¶**주의** 사항

쓰는 순서 : 丶 丶 氵 氵 汁 汁 注 注

도움말 [氵+主] 물[氵=水 물 수]을 주된 흐름[主 주인 주]에서 끌어대는 데서 '물 대다'의 뜻이 됨.

晝

낮 주

- 부수 : 날 일(日)
- 총획 : 11획

晝夜주야 : 밤낮. ¶**주야**로 일하다
晝間주간 : 낮 동안. ↔ 야간(夜間). ¶**주간** 근무
白晝백주 : 대낮. ¶**백주**의 도심에서 일어난 사건

쓰는 순서 : 一 フ ヨ ヨ 圭 書 書 書 書 晝 晝

도움말 [聿+日] 해[日 해 일]가 동쪽에서 떠 서쪽으로 질 때까지 태양이 나와 있는 동안으로서 구획지어진[聿←畫 그을 획] 시간인 '낮'을 뜻함.

集

모을 집

- 부수 : 새 추(隹)
- 총획 : 12획

集合집합 : 한군데로 모임, 또는 한군데로 모음.
集中집중 : 한군데로 모이거나 한군데로 모음. ¶정신을 **집중**하여 수업을 듣다
集會집회 : 많은 사람이 일정한 때에 일정한 자리에 모임, 또는 그 모임. ¶**집회**에 참가하다

쓰는 순서 : 丿 亻 亻 广 乍 乍 隹 隹 隼 隼 集 集

도움말 [隹+木] 나무[木 나무 목] 위에 많은 새[隹 새 추]가 모여 앉아 있는 모양에서 '모으다'는 뜻이 됨.

窓

창 창

- 부수 : 구멍 혈(穴)
- 총획 : 11획

窓門창문 : 채광이나 통풍을 위하여 벽에 낸 작은 문.
同窓동창 : 같은 학교나 같은 스승 밑에서 공부한 관계.
窓口창구 : 조그마하게 낸 창. ¶매표 **창구**
東窓동창 : 동쪽으로 난 창.
同窓會동창회 : 동창생들의 모임. 교우회.

쓰는 순서 : 丶丶宀宀穴空空空窓窓窓

도움말 [穴+悤] 窓=窗(본자). 어두운 굴[穴 구멍 혈]에 햇빛이 들어오는 구멍[悤←囪 창구멍 창] 모양을 본뜬 데서 '창'을 뜻하게 됨.

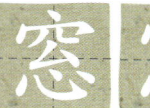 

清

맑을 청

- 부수 : 삼수변(氵)
- 총획 : 11획

清算청산 : 서로 채권·채무 관계를 셈하여 깨끗이 주고받음. ¶빚 **청산**
清風청풍 : 맑은 바람.
清明청명 : 날씨가 맑고 밝음. ¶**청명**한 날씨
清音청음 : 맑고 깨끗한 소리.

쓰는 순서 : 丶丶氵氵氵清清清清清清

도움말 [氵+靑] 물[氵=水 물 수]이 푸르다[靑 푸를 청]는 데서 '맑다', '깨끗하다'는 뜻을 나타냄.

體

몸 체

- 부수 : 뼈 골(骨)
- 총획 : 23획

全體전체 : 전부. ↔ 부분(部分).
體力체력 : 몸의 힘이나 작업 능력. ¶**체력**은 국력
體面체면 : 남을 대하기에 번듯한 면목. 면목. ¶**체면** 유지
形體형체 : 사물의 모양과 바탕. 물건의 외형.
體育체육 : 건강한 몸과 온전한 운동 능력을 기르는 일.

쓰는 순서 : 丨冂冂円円骨骨骨骨骨骨骨骨骨骨骨骨骨體體體

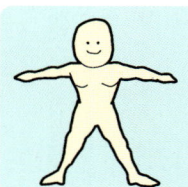

도움말 [骨+豊] 사람의 몸이 뼈[骨 뼈 골]와 살, 오장육부 모두[豊 풍성할 풍]를 갖추어 이루어진 데서 '몸', '꼴', '근본'의 뜻을 가지게 됨.

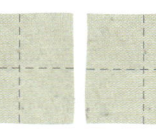 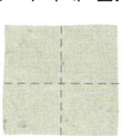

親

친할 친

- 부수 : 볼 견(見)
- 총획 : 16획

先親선친 : 남에게, 돌아가신 자기의 아버지를 일컫는 말.
親家친가 : 집. 가정(家庭). 실가(實家).
母親모친 : 어머니를 정중히 이르는 말. ↔ 부친(父親).
父親부친 : 아버지를 정중히 이르는 말. ↔ 모친(母親).
親族친족 : 촌수가 가까운 일가.

쓰는 순서 : ˊ ˋ ㅗ ㅎ 立 ㅍ 辛 亲 亲 亲¹ 新 新 新 親 親 親

도움말 [亲+見] 자식이 길을 떠날 때 나무[木 나무 목]에 올라서서[立 설 립] 바라보는[見 볼 견] 것이 어버이 마음이라는 데서 '친하다', '어버이'를 뜻함.

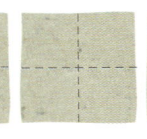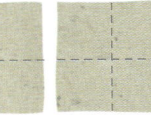

太

클/처음 태

- 부수 : 큰 대(大)
- 총획 : 4획

太風태풍 : 북태평양 남서부에서 발생하여 동북아시아 내륙으로 불어 닥치는 폭풍우.
太白山태백산 : 경북 봉화군과 강원도 영월군 경계에 있는 산.
太祖태조 : 한 왕조를 세운 첫째 임금에게 붙이던 묘호.
太平洋태평양 : 오대양의 하나.

쓰는 순서 : 一 ナ 大 太

도움말 [大+丶] 크다는 뜻의 글자[大 큰 대]에 점[丶 점 주]을 찍어 더 큼을 나타낸 글자. '크다', '처음'의 뜻.

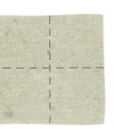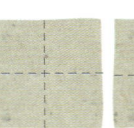

通

통할 통

- 부수 : 책받침(辶)
- 총획 : 11획

通話통화 : 전화로 말을 주고받음.
共通공통 : 여럿 사이에 두루 통용되거나 관계됨.
通風통풍 : 바람을 잘 통하게 함. ¶통풍 장치
通學통학 : 기숙사가 아닌 자기 집이나 유숙하는 집에서 학교까지 다님. ¶통학 시간

쓰는 순서 : ˊ ㄱ ㄹ 月 月 甬 甬 甬` 浦 通 通

도움말 [甬+辶] 골목길[甬 골목길 용]이 큰길로 이어져 가는[辶=辵 쉬엄쉬엄갈 착] 모양에서 '통하다', '알리다'의 뜻이 됨.

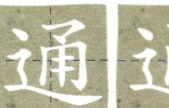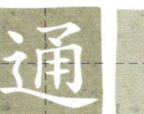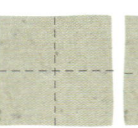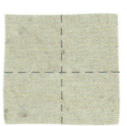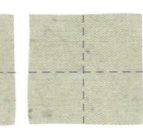

特 특별할 특

- 부수 : 소 우(牛)
- 총획 : 10획

特食특식 : 특별히 잘 차려진 식사.
特出특출 : 남보다 특별히 뛰어남. ¶ **특출**한 인물
特級특급 : 특별한 등급이나 계급.
特別특별 : 보통과 아주 다름. ¶ **특별** 대우
特別市특별시 : 지방 자치 단체의 한 가지. ¶ 서울 **특별시**

쓰는 순서 ノ 一 ナ 牛 牜 牜 牚 特 特 特

도움말 [牛+寺] 옛날 관청[寺 관청 시]에서 중대한 일을 정할 때, 크고 힘센 소[牛 소 우]를 제단에 바친 데서 '특별하다'는 뜻이 됨.

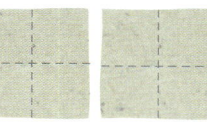

表 겉 표

- 부수 : 옷 의(衣)
- 총획 : 8획

表現표현 : 의견이나 감정 따위를 드러내어 나타냄.
表面표면 : 거죽으로 드러난 면. 겉. 겉면.
發表會발표회 : 학문의 연구 결과나 예술 작품 등을 여러 사람 앞에서 발표하는 모임.
圖表도표 : 그림으로 그리어 나타낸 표.

쓰는 순서 一 = 三 丰 主 丰 耒 表 表

도움말 [丰+衣] 모피 옷[衣 옷 의]은 짐승 털[丰]이 바깥으로 뻗쳐 겉쪽으로 입는 데서 '겉'을 뜻함.

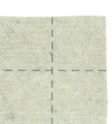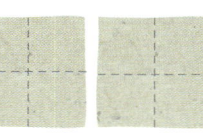

風 바람 풍

- 부수 : 바람 풍(風)
- 총획 : 9획

東風동풍 : 동쪽에서 불어오는 바람.
海風해풍 : 바다에서 육지로 불어오는 바람.
風向풍향 : 바람이 불어오는 방향.
大風대풍 : 큰 바람.
南西風남서풍 : 남서쪽에서 북동쪽으로 부는 바람.

쓰는 순서 ノ 几 凡 凡 凧 凨 風 風 風

도움말 [凡+虫] 벌레[虫 벌레 충]는 바람[凡 무릇 범(물체를 스쳐가는 바람 형상)]의 영향을 많이 받는다는 데서 '바람'을 뜻함.

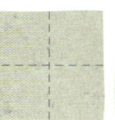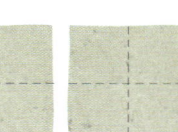

合

합할 합

- 부수 : 입 구(口)
- 총획 : 6획

合同합동 : 둘 이상이 모여 하나가 되거나, 모아서 하나로 함. ¶ **합동** 연설회
合心합심 : 두 사람 이상이 마음을 한데 합함. ¶ **합심** 노력
合成합성 : 둘 이상이 합하여 하나가 되거나 하나를 만듦. ¶ **합성** 세제
合作합작 : 어떠한 것을 만들기 위하여 힘을 합함.

쓰는 순서 : ノ 人 ㅅ 今 合 合

도움말 [亼+口] : 그릇의 아가리[口 입 구]와 뚜껑[亼]이 꼭 들어맞는 모양에서 '합하다'의 뜻.

行

다닐 행
항렬 항

- 부수 : 다닐 행(行)
- 총획 : 6획

孝行효행 : 어버이를 잘 섬기는 행실.
行動행동 : 몸을 움직임, 또는 그 동작. ¶ 민첩한 **행동**
所行소행 : 이미 해 놓은 일이나 짓. ¶ **소행**이 괘씸하다
現行현행 : 현재 행함, 또는 행하여짐. ¶ **현행** 법규
行方행방 : 간 곳이나 방향. ¶ **행방**을 찾다

쓰는 순서 : ノ ㄣ 彳 彳 行 行

도움말 [彳+亍] : 왼발[彳 조금걸을 척]과 오른발[亍 자축거릴 촉]을 번갈아 움직이는 모양에서 '다니다', '가다', '길'의 뜻.

幸

다행 행

- 부수 : 방패 간(干)
- 총획 : 8획

幸運행운 : 좋은 운수. 행복한 운수. ¶ **행운**이 따르다
不幸불행 : 행복하지 아니함. 운수가 나쁨. 불운(不運). ¶ **불행** 중 다행
多幸다행 : 뜻밖에 일이 잘되어 운이 좋음. ¶ 그만하기가 정말 **다행**이다
天幸천행 : 하늘이 준 큰 행운. ¶ **천행**으로 살아나다

쓰는 순서 : 一 十 土 キ 去 査 査 幸

도움말 [夭+屰] : 幸=㚔(본자). 일찍 죽지[夭 일찍죽을 요] 않는[屰←逆 거스를 역] 것을 좋은 일로 생각하여 '다행하다', '바라다'의 뜻으로 씀.

향할 향

- 부수 : 입 구(口)
- 총획 : 6획

方向방향 : 향하거나 나아가는 쪽. 방위. ¶ 서쪽 **방향**
向學향학 : 학문에 뜻을 둠.
向上향상 : 위로 향하여 나아감. 높아짐. 좋아짐. ¶ 기술 **향상**
南向남향 : 남쪽을 향함. ↔ 북향(北向).
動向동향 : 사람의 마음이나 일의 형세 등이 움직여 가는 방향.

쓰는 순서: ノ 丿 冂 向 向 向

도움말: 집[宀← 亠 집 면]에서 바람이 부는 방향인 북쪽 창[口]은 남쪽 창과 마주 보고 있다 하여 '향하다'의 뜻이 됨.

나타날 현

- 부수 : 구슬 옥(玉)
- 총획 : 11획

現場현장 : 사물이 현재 있는 곳. 사건이 일어난 곳, 또는 그 장면. ¶ 사건 **현장**
現金현금 : 현재 가지고 있는 돈.
現物현물 : 현재 있는 물건.
出現출현 : 나타나거나 또는 나타나서 보임. ¶ 적기의 **출현**

쓰는 순서: 一 二 T 王 玗 玥 玥 玥 玥 現 現

도움말 [王+見] : 옥돌[王←玉 옥 옥]을 갈아서 빛이 나는[見 나타날 현] 모양에서 '나타나다'의 뜻이 됨.

모양 형

- 부수 : 터럭삼(彡)
- 총획 : 7획

形成형성 : 어떤 모양을 이룸. ¶ 고대 국가의 **형성**
形便형편 : 일이 되어 가는 모양이나 결과.
大形대형 : 사물의 큰 형체.
外形외형 : 겉으로 드러난 모양. 겉모양.
地形지형 : 땅의 생긴 모양이나 형세. ¶ **지형**이 험하다

쓰는 순서: 一 二 F 开 开 形 形

도움말 [开+彡] : 털[彡]의 붓으로 우물틀[开←井 우물 정] 모양으로 가로세로 그린 '꼴', '형상'을 뜻함.

號 이름/부를 호

부수 : 범 호(虍)
총획 : 13획

記號기호 : 어떤 뜻을 나타내기 위한 문자나 부호.
號外호외 : 돌발적인 사건 따위를 급히 알리기 위하여 정기적으로 발간하는 것 외에 임시로 발간하는 신문 따위.
信號신호 : 소리·색깔·빛·모양 따위의 일정한 부호에 의하여 의사를 전하는 일, 또는 그 부호. ¶교통 **신호**

쓰는 순서 : ` 丨 口 口 므 号 号 号 号 號 號 號 號 號`

도움말 : 범[虎 범 호]이 입을 크게 벌려 포효하는 소리[号 부를 호]처럼 '부르짖다', '부르다', '이름'의 뜻. [号+虎]

和 화할 화

부수 : 입 구(口)
총획 : 8획

平和평화 : 평온하고 화목함. 화평(和平). ¶가정의 **평화**
和合화합 : 화목하게 어울림. ¶인류 **화합**
和色화색 : 온화한 얼굴빛. ¶얼굴에 **화색**이 돌다
和音화음 : 높이가 다른 둘 이상의 음이 함께 울릴 때 나는 소리.
溫和온화 : 날씨가 따뜻하고 바람결이 부드러움.

쓰는 순서 : `一 二 千 千 禾 禾 和 和`

도움말 : 농사지은 곡식[禾 벼 화]을 수확하여 함께 먹는[口 입 구] 모양에서 '화목하다'는 뜻이 됨. [禾+口]

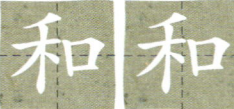 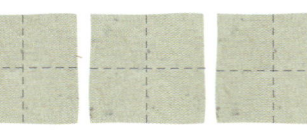 

畫 그림 화 / 그을 획

부수 : 밭 전(田)
총획 : 12획

名畫명화 : 썩 잘 그린 그림이나 영화.
畫家화가 : 그림 그리는 일을 전문으로 하는 사람.
畫面화면 : 그림 따위를 그린 면.
畫室화실 : 화가 또는 조각가가 작품을 만드는 방.
畫數획수 : 글자의 획의 수.

쓰는 순서 : `フ 子 寻 클 聿 聿 聿 書 書 書 畫 畫`

도움말 : 도면에 붓[聿 붓 율]으로 밭[田 밭 전]의 경계[一 한 일]를 긋는다는 데서 '긋다', '그리다'의 뜻이 됨. [聿+田+一]

   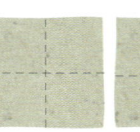  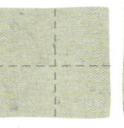 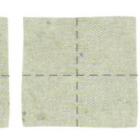

黃

누를 황

부수 : 누를 황(黃)
총획 : 12획

黃土황토 : 누르고 거무스름한 흙.
黃色황색 : 누른빛.
黃海황해 : 한반도와 중국에 둘러싸인 바다.
黃金황금 : 누런빛의 금이라는 뜻으로, 금을 다른 금속과 구별하여 이르는 말. ¶**황금** 덩어리

쓰는 순서 : 一十卄卄芇芇芇苗苗黃黃黃

도움말 들에 펼쳐진 논밭[田 밭 전]의 빛깔이 누런빛이라는 데서 '누렇다'의 뜻이 됨.

會

모일 회

부수 : 가로 왈(曰)
총획 : 13획

會社회사 : 영리 행위를 목적으로 설립된 사단 법인.
會意회의 : 뜻을 알아챔. 육서의 하나.
會話회화 : 서로 만나서 이야기함, 또는 그 이야기.
開會개회 : 회의나 회합 따위를 시작함. ¶**개회**를 선언하다
會食회식 : 여럿이 모여 함께 음식을 먹음, 또는 그 모임.

쓰는 순서 : ノ 人 人 亼 亽 佘 佘 佘 佘 會 會 會 會

도움말 사람의 얼굴에 눈, 귀, 코, 입 등이 모이듯 자리한 모양을 본뜬 것으로, '모으다'는 뜻.

訓

가르칠 훈

부수 : 말씀 언(言)
총획 : 10획

敎訓교훈 : 가르치고 깨우침, 또는 그 가르침. ¶선생님의 **교훈**
校訓교훈 : 그 학교의 교육 이념을 간명하게 표현한 말.
訓話훈화 : 교훈의 말.
訓民훈민 : 국민을 가르침.
社訓사훈 : 사원으로서 지켜야 할, 회사의 방침.

쓰는 순서 : 丶 亠 亍 言 言 言 訓 訓 訓 訓

도움말 냇물[川 내 천]이 위에서 아래로 흘러내리듯 이치를 좇아 타이른다[言 말씀 언]는 데서 '가르치다', '경계하다'는 뜻.
[言+川]

8급 배정한자(50字)

한자	예시	훈음	부수·획수
教	教室교실 / 教生교생 / 教學교학	가르칠 교	부 攵 11획
校	校長교장 / 校門교문 / 母校모교	학교 교	부 木 10획
九	九月구월 / 九日구일 / 九十구십	아홉 구	부 乙 2획
國	國軍국군 / 國民국민 / 國土국토	나라 국	부 囗 11획
軍	女軍여군 / 軍人군인 / 靑軍청군	군사 군	부 車 9획
金	萬金만금 / 白金백금 / 一金일금	쇠 금/성 김	부 金 8획
南	南山남산 / 南東남동 / 南北남북	남녘 남	부 十 9획
女	女王여왕 / 女人여인 / 母女모녀	계집 녀	부 女 3획
年	萬年만년 / 一年일년 / 學年학년	해 년	부 干 6획
大	大小대소 / 大韓대한 / 大王대왕	큰 대	부 大 3획
東	東西동서 / 東門동문 / 東南동남	동녘 동	부 木 8획
六	五六月오뉴월 / 오륙월(×)	여섯 륙	부 八 4획
萬	萬山만산 / 萬里만리 / 萬年만년	일만 만	부 艹 13획
母	父母부모 / 母國모국 / 生母생모	어미 모	부 毋 5획
木	土木토목	나무 목	부 木 4획
門	大門대문 / 門中문중 / 北門북문	문 문	부 門 8획
民	民生민생 / 人民인민 / 萬民만민	백성 민	부 氏 5획
白	白人백인 / 白金백금	흰 백	부 白 5획
父	生父생부 / 父女부녀 / 學父母학부모	아버지 부	부 父 4획
北	北西북서 / 北韓북한 / 東北동북	북녘 북/달아날 배	부 匕 5획
四	四寸사촌 / 四月사월 / 四十사십	넉 사	부 囗 5획
山	火山화산 / 西山서산 / 山水산수	메 산	부 山 3획
三	三寸삼촌 / 三韓삼한 / 三國삼국	석 삼	부 一 3획
生	生水생수 / 學生학생 / 生日생일	날 생	부 生 5획
西	西北서북 / 西門서문 / 西南서남	서녘 서	부 襾 6획
先	先生선생 / 先人선인 / 先金선금	먼저 선	부 儿 6획
小	小人소인 / 小國소국 / 小生소생	작을 소	부 小 3획
水	水火수화 / 水中수중 / 水門수문	물 수	부 水 4획
室	室長실장 / 王室왕실 / 小室소실	집/방 실	부 宀 9획
十	十日십일 / 十月시월 / 십월(×)	열 십	부 十 2획
五	五月오월 / 五寸오촌 / 五十오십	다섯 오	부 二 4획
王	王國왕국 / 王女왕녀 / 國王국왕	임금 왕	부 玉 4획
外	外人외인 / 室外실외 / 外國외국	바깥 외	부 夕 5획
月	八月팔월 / 一月일월 / 三月삼월	달 월	부 月 4획
二	二月이월 / 二十이십 / 二人이인	두 이	부 二 2획
人	人生인생 / 萬人만인 / 人中인중	사람 인	부 人 2획

한자	훈음	부수	획수	단어
一	한 일	一	1획	一日일일, 一年일년, 一生일생
日	날/해 일	日	4획	日日일일, 日月일월, 日人일인
長	긴/어른 장	長	8획	長女장녀, 年長연장, 學長학장
弟	아우 제	弓	7획	弟兄제형
中	가운데 중	丨	4획	中國중국, 中年중년, 中人중인
青	푸를 청	青	8획	青年청년, 青山청산, 青軍청군
寸	마디 촌	寸	3획	八寸팔촌
七	일곱 칠	一	2획	七月칠월, 七日칠일, 七年칠년
土	흙 토	土	3획	土人토인
八	여덟 팔	八	2획	八十팔십, 八月팔월, 八年팔년
學	배울 학	子	16획	學校학교, 學年학년, 大學대학
韓	한국/나라 한	韋	17획	韓國한국, 南韓남한, 韓日한일
兄	형/맏 형	儿	5획	兄弟형제, 長兄장형, 父兄부형
火	불 화	火	4획	大火대화, 火門화문

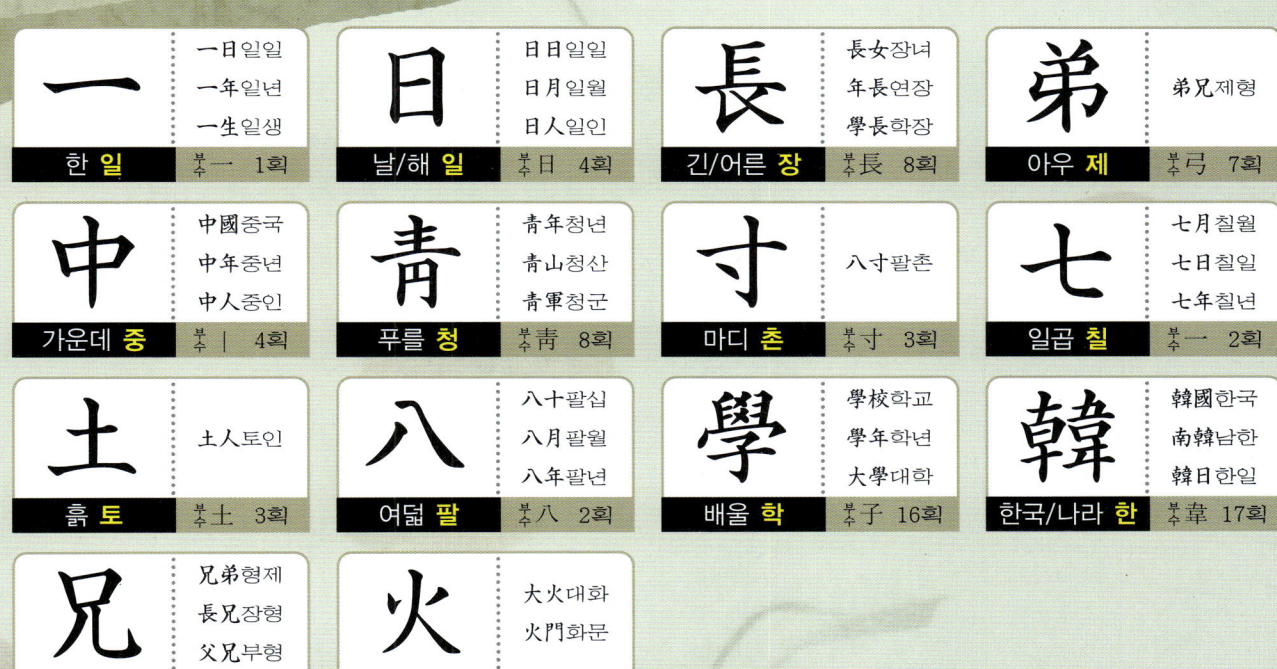

7급 고유한자(100字)

*7급 배정한자는 100자에 하위 급수인 **8급 배정한자 50자를 포함한 150자**를 말합니다.

한자	훈음	부수	획수	단어
歌	노래 가	欠	14획	歌手가수, 國歌국가, 軍歌군가
家	집 가	宀	10획	家門가문, 家長가장, 國家국가
間	사이 간	門	12획	空間공간, 人間인간, 中間중간
江	강 강	氵	6획	江村강촌, 江山강산, 漢江한강
車	수레 거/차	車	7획	車道차도, 電車전차, 下車하차
工	장인 공	工	3획	工場공장, 工夫공부, 工事공사
空	빌 공	穴	8획	空中공중, 空軍공군, 空氣공기
口	입 구	口	3획	食口식구, 人口인구, 出口출구
記	기록할 기	言	10획	日記일기, 記事기사, 手記수기
旗	깃발 기	方	14획	國旗국기, 軍旗군기, 白旗백기
氣	기운 기	气	10획	電氣전기, 同氣동기, 人氣인기
男	사내 남	田	7획	男女남녀, 男子남자, 男便남편
內	안 내	入	4획	內外내외, 內面내면, 市內시내
農	농사 농	辰	13획	農夫농부, 農事농사, 農村농촌
答	대답 답	竹	12획	問答문답, 正答정답, 答紙답지
道	길/말할 도	辶	13획	孝道효도, 人道인도, 道民도민
同	한가지 동	口	6획	同門동문, 同時동시, 同生동생
洞	마을 동/통할 통	氵	9획	洞口동구, 洞里동리, 洞長동장
冬	겨울 동	冫	5획	立冬입동, 秋冬추동, 冬夏동하
動	움직일 동	力	11획	動物동물, 動力동력, 手動수동

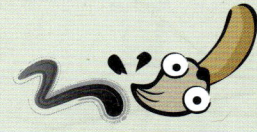

한자	예시	훈음	부수/획수
登	登山등산 / 登校등교 / 登場등장	오를 등	부수 癶 12획
來	來年내년 / 來日내일 / 來世내세	올 래	부수 人 8획
力	活力활력 / 全力전력 / 國力국력	힘 력	부수 力 2획
老	老少노소 / 老人노인 / 老母노모	늙을 로	부수 老 6획
里	里長이장 / 十里십리 / 海里해리	마을 리	부수 里 7획
林	農林농림 / 山林산림 / 國有林국유림	수풀 림	부수 木 8획
立	自立자립 / 立春입춘 / 立夏입하	설 립	부수 立 5획
每	每日매일 / 每年매년 / 每月매월	매양 매	부수 母 7획
面	邑面읍면 / 場面장면 / 紙面지면	낯 면	부수 面 9획
名	有名유명 / 名門명문 / 地名지명	이름 명	부수 口 6획
命	生命생명 / 天命천명 / 王命왕명	목숨 명	부수 口 8획
問	自問자문 / 學問학문 / 問安문안	물을 문	부수 口 11획
文	文物문물 / 文學문학 / 文字문자	글월 문	부수 文 4획
物	人物인물 / 事物사물 / 萬物만물	물건 물	부수 牛 8획
方	四方사방 / 地方지방 / 東方동방	모 방	부수 方 4획
百	百年백년 / 百萬백만 / 百方백방	일백 백	부수 白 6획
夫	兄夫형부 / 夫人부인 / 農夫농부	지아비 부	부수 大 4획
不	不便불편 / 不正부정 / 不孝불효	아닐 불/부	부수 一 4획
事	事後사후 / 萬事만사 / 食事식사	일 사	부수 亅 8획
算	算數산수 / 算出산출 / 電算전산	셈 산	부수 竹 14획
上	祖上조상 / 上下상하 / 世上세상	위 상	부수 一 3획
色	靑色청색 / 月色월색 / 氣色기색	빛 색	부수 色 6획
夕	七夕칠석 / 秋夕추석 / 日夕일석	저녁 석	부수 夕 3획
姓	百姓백성 / 姓名성명 / 同姓동성	성 성	부수 女 8획
世	中世중세 / 出世출세 / 後世후세	인간 세	부수 一 5획
少	少年소년 / 少女소녀 / 少數소수	적을 소	부수 小 4획
所	場所장소 / 住所주소 / 所有소유	바 소	부수 戶 8획
數	數學수학 / 數日수일 / 同數동수	셈 수/자주 삭	부수 攵 15획
手	手足수족 / 手中수중 / 木手목수	손 수	부수 手 4획
時	時間시간 / 時事시사 / 時空시공	때 시	부수 日 10획
市	市場시장 / 市長시장 / 市民시민	저자 시	부수 巾 5획
食	主食주식 / 食水식수 / 外食외식	밥/먹을 식	부수 食 9획
植	植物식물 / 植木식목 / 植民식민	심을 식	부수 木 12획
心	安心안심 / 民心민심 / 中心중심	마음 심	부수 心 4획
安	安全안전 / 平安평안 / 安住안주	편안 안	부수 宀 6획
語	國語국어 / 語文어문 / 語學어학	말씀 어	부수 言 14획
然	自然자연 / 天然천연	그럴 연	부수 灬 12획
午	正午정오 / 午前오전 / 午後오후	낮 오	부수 十 4획
右	右軍우군 / 右手우수 / 右便우편	오른 우	부수 口 5획
有	有力유력 / 國有국유 / 有色유색	있을 유	부수 月 6획

한자	예시	훈음	부수/획수
育	敎育교육 / 生育생육 / 事育사육	기를 육	부 月 8획
邑	邑民읍민 / 邑村읍촌 / 邑長읍장	고을 읍	부 邑 7획
入	出入출입 / 入住입주 / 入學입학	들 입	부 入 2획
子	子正자정 / 父子부자 / 子女자녀	아들 자	부 子 3획
字	漢字한자 / 國字국자 / 字母자모	글자 자	부 子 6획
自	自動자동 / 自足자족 / 自主자주	스스로 자	부 自 6획
場	場內장내 / 場外장외 / 入場입장	마당 장	부 土 12획
全	全國전국 / 全軍전군 / 全南전남	온전 전	부 入 6획
前	前後전후 / 直前직전 / 生前생전	앞 전	부 刂 9획
電	電子전자 / 電動전동 / 電力전력	번개/전기 전	부 雨 13획
正	正直정직 / 正門정문 / 正月정월	바를 정	부 止 5획
祖	祖母조모 / 祖父조부 / 祖國조국	할아버지 조	부 示 10획
足	不足부족 / 四足사족 / 長足장족	발 족	부 足 7획
左	左右좌우 / 左手좌수	왼 좌	부 工 5획
主	主人주인 / 主動주동 / 主食주식	임금/주인 주	부 丶 5획
住	住民주민 / 入住입주 / 衣食住의식주	살 주	부 亻 7획
重	重大중대 / 重力중력 / 二重이중	무거울 중	부 里 9획
地	天地천지 / 土地토지 / 平地평지	땅 지	부 土 6획
紙	便紙편지 / 白紙백지 / 休紙휴지	종이 지	부 糸 10획
直	直入직입 / 日直일직 / 直面직면	곧을 직	부 目 8획
千	千年천년 / 千萬천만 / 三千삼천	일천 천	부 十 3획
川	山川산천 / 春川춘천 / 大川대천	내 천	부 巛 3획
天	靑天청천 / 先天선천 / 後天후천	하늘 천	부 大 4획
草	花草화초 / 草木초목 / 水草수초	풀 초	부 艹 10획
村	村里촌리 / 村家촌가 / 村民촌민	마을 촌	부 木 7획
秋	春秋춘추 / 立秋입추 / 千秋천추	가을 추	부 禾 9획
春	春夏춘하 / 靑春청춘 / 立春입춘	봄 춘	부 日 9획
出	出家출가 / 出土출토 / 外出외출	날 출	부 凵 5획
便	便安편안 / 人便인편 / 便所변소	편할 편/똥 변	부 亻 9획
平	平生평생 / 平年평년 / 平民평민	평평할 평	부 干 5획
下	下校하교 / 下山하산 / 地下지하	아래 하	부 一 3획
夏	夏冬하동 / 立夏입하	여름 하	부 夂 10획
漢	漢文한문 / 漢學한학 / 門外漢문외한	한수/한나라/놈 한	부 氵 14획
海	海外해외 / 海軍해군 / 西海서해	바다 해	부 氵 10획
花	生花생화 / 花木화목 / 百花백화	꽃 화	부 艹 8획
話	民話민화 / 手話수화 / 電話전화	말씀 화	부 言 13획
活	活動활동 / 生活생활 / 活字활자	살 활	부 氵 9획
孝	孝子효자 / 孝女효녀 / 孝心효심	효도 효	부 子 7획
後	先後선후 / 後方후방 / 後食후식	뒤 후	부 彳 9획
休	休校휴교 / 休學휴학 / 休日휴일	쉴 휴	부 亻 6획

사자성어 — 시험에 자주 나오는 사자성어

- **家庭敎育** [가정교육] 가정에서 알게 모르게 집안 어른들로부터 받는 가르침.
  家 집 가 / 庭 뜰 정 / 敎 가르칠 교 / 育 기를 육
- **各自圖生** [각자도생] 각자 살길을 도모함.
  各 각각 각 / 自 스스로 자 / 圖 그림 도 / 生 날 생
- **古今東西** [고금동서] 동양이나 서양에 있어서의 예나 지금이나. 곧 어디서나, 언제나의 뜻.
  古 예 고 / 今 이제 금 / 東 동녘 동 / 西 서녘 서
- **共同生活** [공동생활] 두 사람 이상이 모여서 서로 협력하여 사는 생활.
  共 함께 공 / 同 같을 동 / 生 날 생 / 活 살 활
- **公明正大** [공명정대] 마음이 공평하고 조금도 사사로움이 없이 바름.
  公 공평할 공 / 明 밝을 명 / 正 바를 정 / 大 큰 대
- **區郡邑面** [구군읍면] 행정 단위.
  區 구역 구 / 郡 고을 군 / 邑 고을 읍 / 面 낯 면
- **九死一生** [구사일생] 여러 번 죽을 고비를 넘기고 겨우 살아남.
  九 아홉 구 / 死 죽을 사 / 一 한 일 / 生 날 생
- **男女老少** [남녀노소] 남자와 여자와 늙은이와 젊은이. 곧 모든 사람.
  男 사내 남 / 女 여자 녀 / 老 늙을 로 / 少 적을 소
- **同苦同樂** [동고동락] 괴로움이나 즐거움을 함께 함.
  同 같을 동 / 苦 괴로울 고 / 同 같을 동 / 樂 즐길 락
- **東西南北** [동서남북] 동쪽·서쪽·남쪽·북쪽. 곧 사방.
  東 동녘 동 / 西 서녘 서 / 南 남녘 남 / 北 북녘 북
- **東問西答** [동문서답] 동쪽을 묻는데 서쪽을 대답함. 묻는 말에 대하여 전혀 엉뚱한 대답을 이르는 말.
  東 동녘 동 / 問 물을 문 / 西 서녘 서 / 答 대답 답
- **同姓同本** [동성동본] 성과 본관이 모두 같음.
  同 같을 동 / 姓 성 성 / 同 같을 동 / 本 근본 본
- **萬民平等** [만민평등] 모든 사람은 평등하다는 말.
  萬 일만 만 / 民 백성 민 / 平 평평할 평 / 等 같을 등
- **木人石心** [목인석심] 나무로 만든 사람에 돌로 만든 마음. 곧 의지가 굳어 어떤 유혹에도 흔들리지 않음.
  木 나무 목 / 人 사람 인 / 石 돌 석 / 心 마음 심
- **門前成市** [문전성시] 찾아오는 손님으로 문 앞이 장터와 같이 복잡하다는 뜻으로, 방문객이 많음을 이르는 말.
  門 문 문 / 前 앞 전 / 成 이룰 성 / 市 시장 시
- **百年大計** [백년대계] 먼 장래를 내다보고 세우는 큰 계획.
  百 일백 백 / 年 해 년 / 大 큰 대 / 計 셀 계
- **白面書生** [백면서생] 글만을 읽어서 세상일에 경험이 없는 사람.
  白 흰 백 / 面 낯 면 / 書 글 서 / 生 날 생
- **百發百中** [백발백중] 쏘는 대로 꼭꼭 맞음. 계획한 일마다 실패 없이 잘 됨을 뜻함.
  百 일백 백 / 發 필 발 / 百 일백 백 / 中 가운데 중
- **白衣民族** [백의민족] 예부터 흰옷을 즐겨 입은 데서, '한민족'을 이르는 말.
  白 흰 백 / 衣 옷 의 / 民 백성 민 / 族 겨레 족
- **百戰百勝** [백전백승] 싸움마다 승리함. ㈜ 連戰連勝(연전연승)
  百 일백 백 / 戰 싸움 전 / 百 일백 백 / 勝 이길 승

- **父子有親** [부자유친] 오륜의 하나. '아버지와 아들 사이의 도(道)는 친애'에 있음을 이르는 말.
  父 아버지 부 / 子 아들 자 / 有 있을 유 / 親 친할 친

- **不立文字** [불립문자] 도를 깨달음은 문자나 말로 전하는 것이 아니라 마음에서 마음으로 전해짐.
  不 아닐 불 / 立 설 립 / 文 글월 문 / 字 글자 자

- **不遠千里** [불원천리] 천 리를 멀다 여기지 아니함.
  不 아닐 불 / 遠 멀 원 / 千 일천 천 / 里 마을 리

- **四苦八苦** [사고팔고] 온갖 고통, 또는 심한 고통.
  四 넉 사 / 苦 괴로울 고 / 八 여덟 팔 / 苦 괴로울 고

- **山戰水戰** [산전수전] 산에서의 싸움, 물에서의 싸움. 세상일의 온갖 고난을 겪은 경험을 비유해 이르는 말.
  山 메 산 / 戰 싸움 전 / 水 물 수 / 戰 싸움 전

- **山川草木** [산천초목] 산천과 초목. 자연.
  山 메 산 / 川 내 천 / 草 풀 초 / 木 나무 목

- **生老病死** [생로병사] 인생이 반드시 받아야 하는 네 가지 고통. 곧 태어나고, 늙고, 병들고, 죽는 일.
  生 날 생 / 老 늙을 로 / 病 병들 병 / 死 죽을 사

- **生不如死** [생불여사] 살아 있는 것이 죽으니 못함. 몹시 곤란한 지경에 빠져 있음을 뜻함.
  生 날 생 / 不 아닐 불 / 如 같을 여 / 死 죽을 사

- **生死苦樂** [생사고락] 생사와 고락. 살고 죽는 일과 괴롭고 즐거운 일.
  生 날 생 / 死 죽을 사 / 苦 괴로울 고 / 樂 즐길 락

- **先禮後學** [선례후학] 먼저 예의를, 나중에 학문을 배우라는 말. 모든 일에 예의가 먼저라는 말.
  先 먼저 선 / 禮 예도 례 / 後 뒤 후 / 學 배울 학

- **世上萬事** [세상만사] 세상에서 일어나는 온갖 일.
  世 인간 세 / 上 위 상 / 萬 일만 만 / 事 일 사

- **身土不二** [신토불이] 우리의 몸과 태어난 땅은 하나. 즉, 같은 땅에서 난 것이라야 체질에 가장 잘 맞음.
  身 몸 신 / 土 흙 토 / 不 아닐 불 / 二 두 이

- **十中八九** [십중팔구] 열중에 여덟, 아홉이 거의 틀림없음을 이르는 말.
  十 열 십 / 中 가운데 중 / 八 여덟 팔 / 九 아홉 구

- **年中行事** [연중행사] 해마다 일정한 시기를 정하여 놓고 하는 행사.
  年 해 년 / 中 가운데 중 / 行 다닐 행 / 事 일 사

- **樂山樂水** [요산요수] 산과 물을 좋아함. 곧 자연을 좋아하고 사랑한다는 말.
  樂 좋아할 요 / 山 메 산 / 樂 좋아할 요 / 水 물 수

- **月下老人** [월하노인] 남녀의 인연을 맺어 주는 사람. 결혼의 중매자.
  月 달 월 / 下 아래 하 / 老 늙을 로 / 人 사람 인

- **人命在天** [인명재천] 사람의 목숨은 하늘의 뜻에 달려 있음.
  人 사람 인 / 命 목숨 명 / 在 있을 재 / 天 하늘 천

- **醫藥分業** [의약분업] 의사와 약사의 업무 한계를 분명히 하여, 의사는 약제의 처방전을 내고, 약사는 약제의 조제만 하게 하는 제도.
  醫 의원 의 / 藥 약 약 / 分 나눌 분 / 業 업 업

- **人事不省** [인사불성] 정신을 잃어 의식이 없음.
  人 사람 인 / 事 일 사 / 不 아닐 불 / 省 살필 성

- **人山人海** [인산인해] 산과 바다처럼 수를 헤아리지 못할 만큼 많은 사람이 모임.
  人 사람 인 / 山 메 산 / 人 사람 인 / 海 바다 해

- 一口二言　　[일구이언]　한 입으로 두 가지 말을 함. 곧 말을 이랬다저랬다 함을 이름.
  一 한 일 / 口 입 구 / 二 두 이 / 言 말씀 언

- 一日三秋　　[일일삼추]　하루가 삼 년 같음. 즉 몹시 애태우며 기다림.
  一 한 일 / 日 날 일 / 三 석 삼 / 秋 가을 추

- 一長一短　　[일장일단]　장점도 있고 단점도 있음.
  一 한 일 / 長 긴 장 / 一 한 일 / 短 짧을 단

- 一朝一夕　　[일조일석]　하루 아침·하루 저녁처럼 짧은 시일.
  一 한 일 / 朝 아침 조 / 一 한 일 / 夕 저녁 석

- 自問自答　　[자문자답]　자기가 묻고 자기가 대답한다는 뜻으로, 마음속으로 대화함을 이르는 말.
  自 스스로 자 / 問 물을 문 / 自 스스로 자 / 答 대답 답

- 子孫萬代　　[자손만대]　대대로 내려오는 자손.　⑲ 代代孫孫(대대손손)
  子 아들 자 / 孫 손자 손 / 萬 일만 만 / 代 대신 대

- 自手成家　　[자수성가]　물려받은 재산이 없는 사람이 제 힘으로 한 살림을 이룩함.
  自 스스로 자 / 手 손 수 / 成 이룰 성 / 家 집 가

- 作心三日　　[작심삼일]　마음먹은 일이 삼 일만 감. 결심이 굳지 못함을 이름.
  作 지을 작 / 心 마음 심 / 三 석 삼 / 日 날 일

- 電光石火　　[전광석화]　번갯불이나 부싯돌의 불이 번쩍이는 것처럼, 몹시 짧은 시간이나 매우 빠른 동작을 비유한 말.
  電 번개 전 / 光 빛 광 / 石 돌 석 / 火 불 화

- 正正堂堂　　[정정당당]　태도나 처지가 꿀림이 없이 바르고 떳떳함.
  正 바를 정 / 正 바를 정 / 堂 집 당 / 堂 집 당

- 朝聞夕死　　[조문석사]　아침에 참된 이치를 들어 깨달으면 저녁에 죽어도 한이 될 것이 없다는 말.
  朝 아침 조 / 聞 들을 문 / 夕 저녁 석 / 死 죽을 사

- 千萬多幸　　[천만다행]　매우 다행함.
  千 일천 천 / 萬 일만 만 / 多 많을 다 / 幸 다행 행

- 天下第一　　[천하제일]　세상에서 견줄 만한 것이 없음.
  天 하늘 천 / 下 아래 하 / 第 차례 제 / 一 한 일

- 淸風明月　　[청풍명월]　맑은 바람과 밝은 달. 결백하고 온건한 사람의 성격을 평하는 말.
  淸 맑을 청 / 風 바람 풍 / 明 밝을 명 / 月 달 월

- 草綠同色　　[초록동색]　풀색과 초록색은 같은 색임. 같은 처지의 사람들은 그 사람끼리 서로 어울림.　⑲ 類類相從(유유상종)
  草 풀 초 / 綠 초록빛 록 / 同 같을 동 / 色 색 색

- 春夏秋冬　　[춘하추동]　봄·여름·가을·겨울의 네 계절.
  春 봄 춘 / 夏 여름 하 / 秋 가을 추 / 冬 겨울 동

- 八方美人　　[팔방미인]　어느 모로 보나 아름다운 미인. 또는 여러 방면에 능통한 사람을 비유적으로 이르는 말.
  八 여덟 팔 / 方 모 방 / 美 아름다울 미 / 人 사람 인

- 風月主人　　[풍월주인]　맑은 바람과 밝은 달 등의 자연을 즐기는 사람.
  風 바람 풍 / 月 달 월 / 主 주인 주 / 人 사람 인

- 形形色色　　[형형색색]　모양과 종류가 다른 가지가지. 가지각색.
  形 모양 형 / 形 모양 형 / 色 색 색 / 色 색 색

- 花朝月夕　　[화조월석]　꽃 피는 아침과 달 뜨는 저녁. 곧 경치가 좋은 시절을 말함.
  花 꽃 화 / 朝 아침 조 / 月 달 월 / 夕 저녁 석

유형별 한자 — 반대어·상대어

한자	뜻	음	한자	뜻	음
江	강	강	山	메	산
強	강할	강	弱	약할	약
古	예	고	今	이제	금
苦	쓸	고	樂	즐길	락
敎	가르칠	교	學	배울	학
南	남녘	남	北	북녘	북
男	사내	남	女	여자	녀
內	안	내	外	바깥	외
多	많을	다	少	적을	소
大	큰	대	小	작을	소
東	동녘	동	西	서녘	서
冬	겨울	동	夏	여름	하
老	늙을	로	少	적을	소
問	물을	문	答	대답	답
物	물건	물	心	마음	심
父	아버지	부	母	어머니	모
分	나눌	분	合	합할	합
死	죽을	사	活	살	활
上	위	상	下	아래	하
生	살	생	死	죽을	사
先	먼저	선	後	뒤	후
水	물	수	火	불	화
手	손	수	足	발	족
心	마음	심	身	몸	신
言	말씀	언	行	다닐	행
遠	멀	원	近	가까울	근
入	들	입	出	날	출
長	긴	장	短	짧을	단
前	앞	전	後	뒤	후
朝	아침	조	夕	저녁	석
祖	할아버지	조	孫	손자	손
左	왼	좌	右	오른	우
晝	낮	주	夜	밤	야
天	하늘	천	地	땅	지
春	봄	춘	秋	가을	추
兄	형	형	弟	아우	제

유형별 한자 — 유의어·동의어

한자	뜻	음	한자	뜻	음
計	셀	계	算	셈	산
敎	가르칠	교	訓	가르칠	훈
根	뿌리	근	本	근본	본
急	급할	급	速	빠를	속
道	길	도	路	길	로
圖	그림	도	畫	그림	화
文	글월	문	章	글	장
樹	나무	수	木	나무	목
身	몸	신	體	몸	체
言	말씀	언	語	말씀	어
永	길	영	遠	멀	원
衣	옷	의	服	옷	복
正	바를	정	直	곧을	직
村	마을	촌	里	마을	리
土	흙	토	地	땅	지
海	바다	해	洋	큰바다	양

한자의 상식 — 한자의 일반적인 필순

하나의 한자를 쓸 때의 바른 순서를 필순 또는 획순이라고 합니다. 한자를 바른 순서에 따라 쓰면, 한자를 가장 읽기 쉽고 바르게 쓸 수 있고, 원칙에 따라 쓰는 습관이 생겨 모르는 글자도 외우기 쉬우며, 획수를 정확히 셀 수 있어 자전의 총획 색인을 사용할 때도 매우 유용합니다.

- 위에서 아래로 쓴다.

  三 → 一 二 三
  工 → 一 T 工

- 왼쪽에서 오른쪽으로 쓴다.

  川 → 丿 刂 川
  休 → 丿 亻 仁 什 休 休

- 가로획과 세로획이 겹칠 때에는 가로획을 먼저 쓴다.

  木 → 一 十 才 木
  十 → 一 十

- 삐침과 파임이 만날 때에는 삐침을 먼저 쓴다.

  人 → 丿 人
  文 → 丶 亠 ナ 文

- 좌우가 대칭될 때에는 가운데를 먼저 쓴다.

  小 → 亅 小 小
  水 → 亅 刁 水 水

- 둘러싼 모양으로 된 자는 바깥쪽을 먼저 쓴다.

  同 → 丨 冂 冂 同 同 同
  問 → 丨 丨 門 門 門 門 門 問 問

- 글자 전체를 꿰뚫는 획은 나중에 쓴다.

  中 → 丶 口 口 中
  母 → 乚 口 口 乄 母

- 오른쪽 위에 점 있는 글자는 그 점을 나중에 찍는다.

  犬 → 一 ナ 大 犬
  成 → 丿 厂 厂 厈 成 成 成

- 책받침(辶, 廴)은 나중에 쓴다.

  道 → 丶 丷 丷 丷 艹 芓 首 首 首 渞 渞 道
  建 → ㇇ ㇇ ㇐ 彐 聿 聿 聿 建 建

- 받침 중에서도 '走, 是'는 먼저 쓴다.

  起 → 一 十 土 キ キ 丰 走 起 起 起
  題 → 日 旦 무 무 昇 是 是 是 趌 題 題 題 題 題

앞에서 예로 든 필순은 기본 필순을 따랐으나, 달리 쓰이는 경우도 있을 수 있다.

[그밖에 필순에 주의해야 할 한자]

左 → 一 ナ 圤 ナ 左
右 → 丿 ナ 大 右 右
在 → 一 ナ 才 ㄤ 存 在
有 → 丿 ナ 才 冇 有 有
火 → 丶 丷 少 火
山 → 丨 屮 山
九 → 丿 九
世 → 一 十 卄 卄 世
必 → 丶 丷 必 必 必
臣 → 一 T 丆 互 乒 臣

한자의 상식

한자의 구성 원리 육서

한자는 상형문자에서 발달된 표의 문자입니다. 동한(東漢)의 문자 학자인 허신(許愼)이 그의 저서 ≪설문해자(說文解字)≫를 통해 한자의 형태를 상형(象形), 지사(指事), 회의(會意), 형성(形聲), 전주(轉注), 가차(假借)의 여섯 가지로 구분하였는데, 이를 육서(六書)라고 합니다.

- **상형(象形)** : 사물의 모양을 본떠 만드는 방법. 글자라는 것이 전혀 없는 상황에서 가장 쉽게 생각할 수 있는 방법은 눈에 보이는 대로 사물의 모양을 본떠 그림으로 그리는 것인데, 이러한 원리가 바로 상형이다.
  예를 들어, '해'를 나타내는 글자가 필요했을 때, 'ㅁ'는 태양의 윤곽을, 'ㅡ'는 가운데가 일그러지지 않고 영원불변함을 나타내어 '日'을 만들었다.

  日 : ⊖ → 日

- **지사(指事)** : 눈에 보이지 않는 추상적 생각(위치·수량·상태 등)을 점과 선, 부호, 혹은 이미 만들어진 글자를 이용하여 표현하는 방법.
  예를 들어, 'ㅡ'을 중심으로 그 위에 점 하나를 찍어 '•'(上), 아래에 점을 찍어 'ㅜ'(下)를 만들었다.

  上 : 二 → 上

- **회의(會意)** : 상형과 지사를 통해 이미 만들어진 두 개 이상의 한자를 합하여 새로운 의미의 글자를 만드는 방법.
  예를 들어, '남자'라는 개념에 대한 글자가 필요했을 때, 밭(田)에서 힘써(力) 일하는 사람의 모습에서 '田'과 '力' 두 글자를 조합하여 '男'이라는 새로운 글자가 만들어졌다.

  男 : 田 + 力 → 男

- **형성(形聲)** : 이미 만들어진 문자를 결합시키되, 한 글자는 새로운 글자의 음으로, 또 다른 글자는 뜻과 연관지어 새로운 의미의 글자를 만드는 방법.
  예를 들어, '바다'라는 개념을 나타내는 글자가 필요했을 때, 바다라는 개념에 해당하는 말의 음과 관련하여 '羊'을 뽑고, 바다라는 말의 의미와 관련하여 '水(氵)'를 뽑아 '洋'이라는 새로운 글자를 만들었다.

  洋 : 羊 + 水(氵)

- **전주(轉注)** : 이미 만들어진 글자의 본래의 뜻을 그와 관계 있는 다른 뜻으로 옮겨 쓰는 방법. 그 중에는 뜻이 변화함에 따라 발음이 변화되는 것이 있고, 변화되지 않는 것도 있다.
  예를 들어, '惡'은 원래 선악의 악으로 '나쁘다'는 뜻이었으나, '惡'은 사람들이 싫어하고 미워하는 것이므로 그러한 뜻으로도 전용되어 '憎惡(증오)'에서와 같이 미워하고 싫어한다는 뜻으로도 쓰인다. 이때 그 발음도 '악'에서 '오'로 변한다.

惡 :　(악) 나쁘다 → 惡用(악용)
　　　(오) 미워하다 → 憎惡(증오)

樂 :　(악) 음악 → 樂器(악기)
　　　(락) 즐겁다 → 快樂(쾌락)
　　　(요) 좋아하다 → 樂山樂水(요산요수)

- **가차**(假借) : 새로운 개념을 가진 단어를 표기하고자 하나 그러한 문자가 없을 때 음이 같은 다른 글자의 모양을 빌려 사용하는 방법.

  예를 들어, '革'은 짐승 가죽에서 털을 뽑아 버린 물건이란 뜻이었지만, '고치다'라는 뜻의 음이 '혁'이었으므로 '革'자를 빌려다 '고치다'의 뜻으로 쓰게 되어 '改革(개혁), 革新(혁신)' 등의 어휘를 구성하게 되었다.

  自 : 본래 '코'의 뜻이나, '나'의 뜻을 가진 글자로 사용.

  또한 가차는 현대어의 의성어·의태어·외래어 표기의 방법인 음차(音借)의 원리와 발상이 비슷하다.

  丁丁(정정) : 나무 찍는 소리
  堂堂(당당) : 버젓하고 당당한 모양
  亞細亞(아세아) : Asia
  佛蘭西(불란서) : France

재미있는 원리로 배우는
한자능력검정시험
기출 및 예상문제

6급Ⅱ / 6급

기출 및 예상문제　6급Ⅱ

제1회 ┃ 기출 및 예상문제(6급Ⅱ)　[시험시간 : 50분]

1 다음 漢字語의 讀音을 쓰세요.(1~32)

〈예〉 漢字 → 한자

(1) 直角　(2) 住所　(3) 家族　(4) 天才
(5) 遠近　(6) 社長　(7) 出發　(8) 食水
(9) 美國　(10) 計算　(11) 外交　(12) 農事
(13) 地球　(14) 學級　(15) 感氣　(16) 手動
(17) 成人　(18) 市民　(19) 自習　(20) 集中
(21) 休校　(22) 平野　(23) 不足　(24) 光明
(25) 便利　(26) 正午　(27) 世界　(28) 西洋
(29) 活字　(30) 現在　(31) 安定　(32) 道路

2 다음 漢字의 訓(훈:뜻)과 음(음:소리)을 쓰세요.(33~62)

〈예〉 字 → 글자 자

(33) 登　(34) 古　(35) 目　(36) 信
(37) 朝　(38) 會　(39) 命　(40) 太
(41) 前　(42) 石　(43) 語　(44) 多
(45) 果　(46) 本　(47) 物　(48) 來
(49) 運　(50) 戰　(51) 紙　(52) 始
(53) 分　(54) 植　(55) 代　(56) 高
(57) 育　(58) 聞　(59) 新　(60) 用
(61) 衣　(62) 間

3. 다음의 밑줄 친 漢字語를 漢字로 쓰세요.(63~71)

〈예〉 한자 → 漢字

(63) 사촌 누나는 이 다음에 커서 <u>여군</u>이 되고 싶다고 했다.
(64) <u>동대문</u>은 우리나라 보물 제1호이다.
(65) 수업 견학을 위해 <u>부모</u>님께서 학교에 오셨다.
(66) 신학기는 <u>삼월</u>에 시작한다.
(67) 백두산 천지는 <u>화산</u> 활동으로 생긴 자연호수이다.
(68) 우리 담임 <u>선</u>생님은 매우 자상하시다.
(69) 지금부터 <u>십일</u>만 지나면 소풍 가는 날이다.
(70) 어른들은 '<u>형</u>만한 아우가 없다'고 말씀하신다.
(71) 우리나라 <u>남북</u>이 하루빨리 통일이 되었으면 좋겠다.

4. 뜻이 서로 반대(상반)되는 漢字를 〈예〉에서 골라 그 번호를 쓰세요.(72~73)

〈예〉 ① 遠   ② 敎   ③ 根
     ④ 強   ⑤ 共   ⑥ 夜

(72) 弱 ↔ ( )
(73) 晝 ↔ ( )

5. 다음 漢字語에 알맞은 뜻을 쓰세요.(74~75)

(74) 身體
(75) 言行

기출 및 예상문제 6급 II

6 다음 빈 칸에 들어갈 漢字를 〈예〉에서 찾아 번호를 쓰세요.(76~77)

〈예〉 ① 主   ② 者   ③ 江   ④ 放

(76) 잔디 축구장을 구청에서 시민들에게 무료로 開(   )하였다.
(77) 사고 현장을 취재하기 위해 신문 記(   )가 왔다.

7 다음 물음에 답하세요.(78~80)

(78)  ㉠획의 쓰는 순서를 아래에서 골라 번호를 쓰세요.

① 첫 번째   ② 두 번째
③ 세 번째   ④ 네 번째

(79) 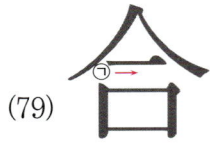 ㉠획의 쓰는 순서를 아래에서 골라 번호를 쓰세요.

① 세 번째   ② 네 번째
③ 다섯 번째   ④ 여섯 번째

(80) 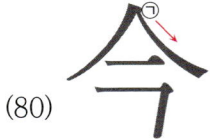 ㉠획의 쓰는 순서를 아래에서 골라 번호를 쓰세요.

① 첫 번째   ② 두 번째
③ 세 번째   ④ 네 번째

제2회 | 기출 및 예상문제(6급Ⅱ) [시험시간 : 50분]

1 다음 漢字語의 讀音을 쓰세요.(1~32)

〈예〉 漢字 → 한자

(1) 世界　(2) 家口　(3) 事業　(4) 苦樂
(5) 住所　(6) 平和　(7) 信用　(8) 地圖
(9) 道路　(10) 科學　(11) 出席　(12) 長短
(13) 言語　(14) 現場　(15) 作文　(16) 表面
(17) 登記　(18) 感動　(19) 全體　(20) 方向
(21) 話題　(22) 不足　(23) 勇氣　(24) 石油
(25) 理由　(26) 中間　(27) 前半　(28) 野球
(29) 正午　(30) 便安　(31) 村里　(32) 電力

2 다음 漢字의 訓(훈:뜻)과 音(음:소리)을 쓰세요.(33~62)

〈예〉 字 → 글자 자

(33) 各　(34) 重　(35) 例　(36) 第
(37) 時　(38) 集　(39) 根　(40) 歌
(41) 光　(42) 米　(43) 食　(44) 通
(45) 林　(46) 童　(47) 淸　(48) 孝
(49) 速　(50) 問　(51) 等　(52) 空
(53) 區　(54) 算　(55) 明　(56) 別
(57) 身　(58) 形　(59) 風　(60) 農
(61) 角　(62) 京

기출 및 예상문제 6급 II

3 다음의 밑줄 친 漢字語를 漢字로 쓰세요.(63~71)

〈예〉 한자 → 漢字

(63) 울릉도 동남쪽에 있는 독도는 우리의 영토이다.
(64) 환경 보호를 위해서는 국민 모두가 앞장서야 한다.
(65) 그는 커서 모교의 선생님이 되었다.
(66) 이라크에 갔던 군인들이 고국으로 돌아왔다.
(67) 갑작스러운 화산 폭발로 마을 사람들의 피해가 컸다.
(68) 나는 삼촌과 함께 놀이 공원에 갔다.
(69) 오늘 저녁, 친구의 생일 파티에 초대되었다.
(70) 형제간에 사이좋게 지내야 한다.
(71) 한글은 세종대왕께서 만드셨다.

4 뜻이 서로 반대(상반)되는 漢字를 〈예〉에서 골라 그 번호를 쓰세요.(72~73)

〈예〉 ① 今   ② 代   ③ 孫
     ④ 短   ⑤ 頭   ⑥ 靑

(72) 古 ↔ (   )
(73) 祖 ↔ (   )

5 다음 漢字語에 알맞은 뜻을 쓰세요.(74~75)

(74) 公開
(75) 夏服

6 다음 빈 칸에 들어갈 漢字를 〈예〉에서 찾아 번호를 쓰세요. (76~77)

〈예〉 ① 溫   ② 工   ③ 功   ④ 直

(76) 실패는 成( )의 어머니이다.
(77) 실내 ( )度가 너무 높다.

7 다음 물음에 답하세요. (78~80)

(78) ㉠획의 쓰는 순서를 아래에서 골라 번호를 쓰세요.

① 첫 번째   ② 두 번째
③ 세 번째   ④ 네 번째

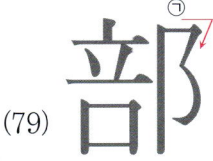

(79) ㉠획의 쓰는 순서를 아래에서 골라 번호를 쓰세요.

① 일곱 번째   ② 여덟 번째
③ 아홉 번째   ④ 열 번째

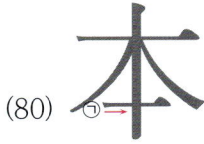

(80) ㉠획의 쓰는 순서를 아래에서 골라 번호를 쓰세요.

① 두 번째   ② 세 번째
③ 네 번째   ④ 다섯 번째

기출 및 예상문제 **6급 Ⅱ**

제3회 ┃ 기출 및 예상문제(6급Ⅱ) [시험시간 : 50분]

1 다음 漢字語의 讀音을 쓰세요.(1~32)

〈예〉 漢字 → 한자

(1) 角度 (2) 自然 (3) 形成 (4) 海外
(5) 農村 (6) 醫術 (7) 庭園 (8) 戰線
(9) 電子 (10) 失神 (11) 使用 (12) 孝道
(13) 衣服 (14) 部分 (15) 禮式 (16) 出入
(17) 親族 (18) 特別 (19) 太陽 (20) 發表
(21) 番號 (22) 空間 (23) 始作 (24) 開放
(25) 算數 (26) 反省 (27) 場面 (28) 現代
(29) 童話 (30) 活力 (31) 對答 (32) 高級

2 다음 漢字의 訓(훈:뜻)과 音(음:소리)을 쓰세요.(33~62)

〈예〉 字 → 글자 자

(33) 野 (34) 利 (35) 色 (36) 食
(37) 花 (38) 本 (39) 信 (40) 才
(41) 幸 (42) 記 (43) 書 (44) 草
(45) 美 (46) 言 (47) 淸 (48) 黃
(49) 育 (50) 愛 (51) 半 (52) 交
(53) 氣 (54) 今 (55) 紙 (56) 飮
(57) 在 (58) 新 (59) 理 (60) 夏
(61) 計 (62) 祖

3. 다음의 밑줄 친 漢字語를 漢字로 쓰세요.(63~71)

〈예〉 한자 → 漢字

(63) 판문점에서 <u>남북</u> 적십자회담이 이루어졌다.
(64) 추석날에 <u>부모</u>님과 차례를 지냈다.
(65) 국군의 날에 자랑스런 <u>군인</u> 아저씨들의 거리 행진이 있었다.
(66) 우리나라 이름은 <u>대한</u>민국이다.
(67) 오늘은 <u>교실</u>을 대청소하는 날이다.
(68) 이산가족 모임에서 오랫동안 헤어졌던 <u>형제</u>들을 만났다.
(69) 많은 농산물들이 <u>중국</u>으로부터 들어왔다.
(70) <u>청년</u>들이여, 꿈을 가져라.
(71) 여름방학 때 <u>사촌</u>들과 해수욕장에 가기로 했다.

4. 뜻이 서로 반대(상반)되는 漢字를 〈예〉에서 골라 그 번호를 쓰세요.(72~73)

〈예〉 ① 生 ② 事 ③ 苦
     ④ 石 ⑤ 夕 ⑥ 火

(72) 死 ↔ (   )
(73) 樂 ↔ (   )

5. 다음 漢字語에 알맞은 뜻을 쓰세요.(74~75)

(74) 集合
(75) 勝者

6 다음 빈 칸에 들어갈 漢字를 〈예〉에서 찾아 번호를 쓰세요.(76~77)

〈예〉 ① 身　　② 立　　③ 會　　④ 動

(76) 건강한 (　)體에서 건강한 정신이 나온다.
(77) 사람은 社(　)를 떠나서는 살 수 없다.

7 다음 물음에 답하세요.(78~80)

(78) 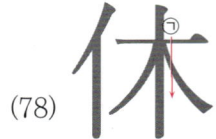 ㉠획의 쓰는 순서를 아래에서 골라 번호를 쓰세요.

① 세 번째　　　　② 네 번째
③ 다섯 번째　　　④ 여섯 번째

(79)  ㉠획의 쓰는 순서를 아래에서 골라 번호를 쓰세요.

① 일곱 번째　　　② 아홉 번째
③ 여덟 번째　　　④ 열 번째

(80) 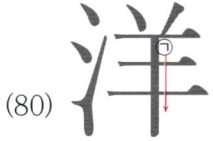 ㉠획의 쓰는 순서를 아래에서 골라 번호를 쓰세요.

① 여섯 번째　　　② 일곱 번째
③ 여덟 번째　　　④ 아홉 번째

제4회 | 기출 및 예상문제(6급Ⅱ) [시험시간 : 50분]

1 다음 漢字語의 讀音을 쓰세요.(1~32)

〈예〉 漢字 → 한자

(1) 後孫　(2) 動物　(3) 失手　(4) 注入
(5) 農事　(6) 文章　(7) 名畫　(8) 黃色
(9) 漢江　(10) 同意　(11) 休校　(12) 東方
(13) 陽地　(14) 作業　(15) 夜間　(16) 重力
(17) 現在　(18) 班長　(19) 形式　(20) 食水
(21) 英特　(22) 使命　(23) 車主　(24) 新聞
(25) 童心　(26) 高度　(27) 近來　(28) 光明
(29) 市郡　(30) 內部　(31) 直前　(32) 中立

2 다음 漢字의 訓(훈:뜻)과 音(음:소리)을 쓰세요.(33~62)

〈예〉 字 → 글자 자

(33) 歌　(34) 始　(35) 工　(36) 路
(37) 目　(38) 林　(39) 頭　(40) 衣
(41) 安　(42) 別　(43) 各　(44) 代
(45) 問　(46) 米　(47) 夕　(48) 住
(49) 銀　(50) 用　(51) 死　(52) 交
(53) 石　(54) 速　(55) 運　(56) 太
(57) 風　(58) 男　(59) 足　(60) 反
(61) 孝　(62) 成

기출 및 예상문제 6급 II

3 다음의 밑줄 친 漢字語를 漢字로 쓰세요.(63~71)

〈예〉 한자 → 漢字

(63) 올해 우리 할아버지께서는 <u>칠십</u> 세가 되셨다.
(64) 모든 백성을 <u>만민</u>이라고 한다.
(65) 수업 시간에 떠들어서 <u>선생</u>님께 야단맞았다.
(66) 나라를 지키는 <u>군인</u> 아저씨들에게 고마운 마음으로 편지를 썼다.
(67) 우리 집 <u>대문</u> 앞을 깨끗이 청소했다.
(68) 내년 세계탁구대회에 <u>남북</u>이 단일팀으로 출전하기로 하였다.
(69) 삼촌은 내년 <u>삼월</u>에 군대에 간다.
(70) <u>형제</u>가 모두 같은 학교에 다닌다.
(71) 2002 월드컵 축구대회에서 <u>한국</u>이 4위를 차지하였다.

4 뜻이 서로 반대(상반)되는 漢字를 〈예〉에서 골라 그 번호를 쓰세요.(72~73)

〈예〉 ① 分　② 少　③ 正
　　 ④ 下　⑤ 右　⑥ 合

(72) 左 ↔ (　　)
(73) 上 ↔ (　　)

5 다음 漢字語에 알맞은 뜻을 쓰세요.(74~75)

(74) 發表
(75) 強弱

6. 다음 빈칸에 들어갈 漢字를 〈예〉에서 찾아 번호를 쓰세요. (76~77)

〈예〉 ① 術   ② 苦   ③ 行   ④ 公

(76) 오늘 美(　) 시간에 선생님께 칭찬받았다.
(77) 여의도 (　)園에 놀러 온 사람들이 매우 많았다.

7. 다음 물음에 답하세요. (78~80)

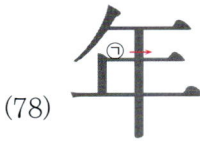

(78) ㉠획의 쓰는 순서를 아래에서 골라 번호를 쓰세요.

① 세 번째   ② 네 번째
③ 다섯 번째   ④ 여섯 번째

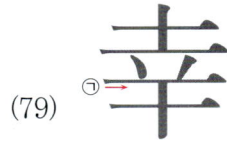

(79) ㉠획의 쓰는 순서를 아래에서 골라 번호를 쓰세요.

① 일곱 번째   ② 여섯 번째
③ 여덟 번째   ④ 다섯 번째

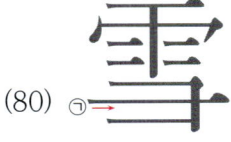

(80) ㉠획의 쓰는 순서를 아래에서 골라 번호를 쓰세요.

① 열 번째   ② 일곱 번째
③ 여덟 번째   ④ 아홉 번째

제5회 기출 및 예상문제(6급Ⅱ) [시험시간 : 50분]

1 다음 漢字語의 讀音을 쓰세요.(1~32)

〈예〉 漢字 → 한자

(1) 溫水　　(2) 地名　　(3) 古文　　(4) 自信
(5) 表現　　(6) 手動　　(7) 不幸　　(8) 休戰
(9) 音樂　　(10) 同姓　　(11) 黃土　　(12) 會社
(13) 本部　　(14) 集合　　(15) 勝者　　(16) 每事
(17) 時代　　(18) 內科　　(19) 農家　　(20) 淸算
(21) 用語　　(22) 放心　　(23) 先親　　(24) 直線
(25) 江南　　(26) 反對　　(27) 永遠　　(28) 白米
(29) 來世　　(30) 海上　　(31) 力道　　(32) 面長

2 다음 漢字의 訓(훈:뜻)과 音(음:소리)을 쓰세요.(33~62)

〈예〉 字 → 글자 자

(33) 感　　(34) 高　　(35) 秋　　(36) 身
(37) 朝　　(38) 川　　(39) 禮　　(40) 歌
(41) 病　　(42) 短　　(43) 明　　(44) 美
(45) 和　　(46) 意　　(47) 里　　(48) 雪
(49) 夕　　(50) 開　　(51) 分　　(52) 野
(53) 主　　(54) 半　　(55) 根　　(56) 字
(57) 問　　(58) 才　　(59) 話　　(60) 向
(61) 書　　(62) 登

3. 다음의 밑줄 친 漢字語를 漢字로 쓰세요. (63~71)

〈예〉 한자 → 漢字

(63) 오늘은 친구의 생일이다.
(64) 남대문은 숭례문의 다른 이름으로 우리나라 국보 제1호이다.
(65) 영국은 유럽 대륙 서쪽에 있는 섬나라로, 영국 연방왕국이라고도 한다.
(66) 필리핀에서 화산 폭발로 많은 사람이 희생된 적이 있었다.
(67) 이번주 토요일에 삼촌과 영화 구경하기로 했다.
(68) 수업 중에 교실에서 떠들면 안 된다.
(69) 우리 학교의 교훈은 '정직한 사람이 되자' 이다.
(70) 음력 팔월에 있는 추석날에는 온 가족이 모여 차례를 지낸다.
(71) 어려서부터 부모님께 효도하는 사람이 커서 성공할 수 있다.

4. 뜻이 서로 반대(상대)되는 漢字를 〈예〉에서 골라 그 번호를 쓰세요. (72~73)

〈예〉 ① 午 ② 言 ③ 出
     ④ 後 ⑤ 少 ⑥ 行

(72) 多 ↔ (   )
(73) 前 ↔ (   )

5. 다음 漢字語에 알맞은 뜻을 쓰세요. (74~75)

(74) 幸運
(75) 失言

6 다음 빈칸에 들어갈 漢字를 〈예〉에서 찾아 그 번호를 쓰세요.(76~77)

〈예〉 ① 風   ② 始   ③ 聞   ④ 新

(76) 어제 있었던 큰 사건들이 오늘 (　)聞에 자세히 나왔다.

(77) 오늘 열리기로 한 양궁 시합은 (　)으로 인해 연기되었다.

7 다음 물음에 답하세요.(78~80)

(78)  ㉠획의 쓰는 순서를 아래에서 골라 번호를 쓰세요.

① 여섯 번째　　② 네 번째
③ 다섯 번째　　④ 일곱 번째

(79)  ㉠획의 쓰는 순서를 아래에서 골라 번호를 쓰세요.

① 네 번째　　② 여섯 번째
③ 일곱 번째　　④ 다섯 번째

(80)  ㉠획의 쓰는 순서를 아래에서 골라 번호를 쓰세요.

① 세 번째　　② 두 번째
③ 네 번째　　④ 다섯 번째

제1회 ▌ 기출 및 예상문제(6급)

[시험시간 : 50분]

1 다음 漢字語의 讀音을 쓰세요.(1~33)

〈예〉 漢字 → 한자

(1) 成功   (2) 反省   (3) 始作   (4) 藥草   (5) 先親
(6) 社會   (7) 醫術   (8) 音樂   (9) 方向   (10) 戰線
(11) 感動 (12) 特別 (13) 夏服 (14) 番號 (15) 通路
(16) 公用 (17) 勝者 (18) 事業 (19) 失言 (20) 地圖
(21) 注油 (22) 晝夜 (23) 新聞 (24) 形式 (25) 現代
(26) 和合 (27) 文章 (28) 表面 (29) 植樹 (30) 題目
(31) 急行 (32) 部分 (33) 對話

2 다음 漢字의 訓과 音을 쓰세요.(34~55)

〈예〉 字 → 글자 자

(34) 集   (35) 野   (36) 科   (37) 界   (38) 利
(39) 庭   (40) 幸   (41) 運   (42) 堂   (43) 書
(44) 由   (45) 黃   (46) 飮   (47) 雪   (48) 頭
(49) 消   (50) 米   (51) 族   (52) 開   (53) 綠
(54) 在   (55) 孫

3 다음 밑줄 친 漢字語를 漢字로 쓰세요.(56~75)

〈例〉 한자 → 漢字

(56) 공장의 증가로 <u>대기</u> 오염이 심각합니다.
(57) 할아버지는 <u>농촌</u>에 살고 계십니다.

기출 및 예상문제　6급

(58) 그는 <u>효심</u>이 지극한 아들입니다.
(59) 인간의 <u>생명</u>은 소중합니다.
(60) 매일 잠들기 전에 <u>일기</u>를 씁니다.
(61) <u>안전</u> 예방은 작은 실천에서 시작됩니다.
(62) 가을과 겨울을 <u>추동</u>이라고 합니다.
(63) 우리 민족의 소원은 <u>남북</u>이 하나로 되는 것입니다.
(64) 우리집 <u>식구</u>는 모두 네 명입니다.
(65) 어머니를 따라 <u>시장</u>에 갔습니다.
(66) 항상 <u>노인</u>을 공경하도록 합시다.
(67) 결승선에 두 사람이 <u>동시</u>에 들어왔습니다.
(68) 그는 가장 <u>유력</u>한 우승 후보입니다.
(69) 길을 건널 때는 <u>좌우</u>를 잘 살펴야 합니다.
(70) 그는 <u>왕가</u>의 마지막 후손입니다.
(71) 푸른 빛깔을 <u>청색</u>이라고 합니다.
(72) <u>소년소녀</u> 가장 돕기 행사가 열렸습니다.
(73) <u>후세</u> 사람들의 칭송이 자자했습니다.
(74) <u>부족</u>한 것이 있으면 무엇이든지 말씀하시기 바랍니다.
(75) <u>형제</u>의 우애가 남달리 깊었습니다.

4 다음 漢字의 反對 또는 相對字(상대자)를 골라 번호를 쓰세요. (76~78)

(76) 敎 ― ① 長　　② 韓　　③ 學　　④ 萬
(77) 江 ― ① 寸　　② 木　　③ 土　　④ 山
(78) 強 ― ① 工　　② 弱　　③ 電　　④ 物

5 다음 사자성어의 (　)에 들어갈 漢字를 〈예〉에서 찾아 그 번호를 쓰세요.(79~81)

〈예〉　① 平　　② 外　　③ 西　　④ 中　　⑤ 月　　⑥ 內

(79) 東問(　)答　　　(80) 十(　)八九　　　(81) 淸風明(　)

6 다음 漢字와 뜻이 비슷한 漢字를 골라 그 번호를 쓰세요.(82~83)

(82) 根 — ① 夕　　② 本　　③ 角　　④ 英

(83) 正 — ① 直　　② 夫　　③ 發　　④ 定

7 다음에서 소리는 같으나 뜻이 다른 漢字를 골라 그 번호를 쓰세요.(84~85)

(84) 衣 — ① 放　　② 第　　③ 銀　　④ 意

(85) 高 — ① 苦　　② 共　　③ 席　　④ 計

8 다음 뜻을 가진 단어를 쓰세요.(86~87)

〈예〉 쉬는 날 — 휴일

(86) 옛날과 지금.　　　　(87) 많이 읽음.

9 다음 물음에 답하세요.(88~90)

(88) 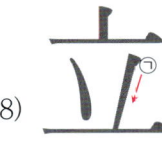 ㉠획의 쓰는 순서를 아래에서 골라 번호를 쓰세요.
　　① 두 번째　② 세 번째　③ 네 번째　④ 다섯 번째

(89)  ㉠획의 쓰는 순서를 아래에서 골라 번호를 쓰세요.
　　① 두 번째　② 세 번째　③ 네 번째　④ 다섯 번째

(90)  ㉠획의 쓰는 순서를 아래에서 골라 번호를 쓰세요.
　　① 네 번째　② 여섯 번째　③ 일곱 번째　④ 여덟 번째

제2회 | 기출 및 예상문제(6급) [시험시간 : 50분]

1 다음 漢字語의 讀音을 쓰세요.(1~33)

〈예〉 漢字 → 한자

(1) 窓門　(2) 開放　(3) 出席　(4) 身體　(5) 美術
(6) 失神　(7) 作業　(8) 集合　(9) 代表　(10) 事例
(11) 讀書　(12) 永遠　(13) 太陽　(14) 衣服　(15) 石油
(16) 區別　(17) 童話　(18) 公式　(19) 直角　(20) 溫度
(21) 淸算　(22) 利用　(23) 始祖　(24) 飮食　(25) 西洋
(26) 幸運　(27) 醫藥　(28) 黃色　(29) 圖畵　(30) 平野
(31) 理由　(32) 世界　(33) 昨年

2 다음 漢字의 訓과 音을 쓰세요.(34~55)

〈예〉 字 → 글자 자

(34) 各　(35) 孫　(36) 訓　(37) 意　(38) 待
(39) 果　(40) 半　(41) 弱　(42) 親　(43) 球
(44) 根　(45) 病　(46) 通　(47) 族　(48) 目
(49) 信　(50) 第　(51) 京　(52) 形　(53) 會
(54) 聞　(55) 强

3 다음 밑줄 친 漢字語를 漢字로 쓰세요.(56~75)

〈예〉 한자 → 漢字

(56) 산 <u>공기</u>가 매우 상쾌합니다.
(57) 많은 사람들이 건물이 많은 <u>시내</u>로 몰려들었습니다.

(58) 그가 다니는 학교는 <u>남녀</u>공학입니다.

(59) 아프리카에는 많은 <u>동물</u>들이 살고 있습니다.

(60) 전쟁터에 나간 <u>형제</u>는 용감하게 싸웠습니다.

(61) 오늘 할 일을 <u>내일</u>로 미루지 맙시다.

(62) <u>산림</u>이 훼손되지 않게 잘 보호해야 합니다.

(63) 성공하기 위해서는 <u>학문</u>에 정진해야 합니다.

(64) 그는 <u>왕실</u>에서 태어난 마지막 자손이다.

(65) <u>편안</u>한 마음을 가지고 문제를 풀도록 합시다.

(66) 이번 일은 매우 <u>중대</u>한 일입니다.

(67) 어려서부터 <u>자립</u> 정신을 기르도록 합시다.

(68) <u>시간</u>은 금입니다.

(69) <u>전국</u> 각지를 돌아다녔습니다.

(70) 모든 <u>주민</u>들이 그 일에 찬성하였습니다.

(71) 그 정도 다친 것만 해도 <u>천만</u>다행입니다.

(72) 경제 발전으로 국민의 <u>생활</u> 수준이 향상되었습니다.

(73) 봄은 <u>초목</u>의 싹이 트는 따뜻한 계절입니다.

(74) 도시에 있던 <u>공장</u>들이 대부분 지방으로 옮겼습니다.

(75) 그는 커서 <u>유명</u>한 사람이 되었습니다.

4 다음 漢字의 反對 또는 相對字(상대자)를 골라 번호를 쓰세요. (76~78)

(76) 手 — ① 足　② 靑　③ 方　④ 左

(77) 南 — ① 四　② 東　③ 北　④ 白

(78) 前 — ① 地　② 然　③ 後　④ 每

5 다음 사자성어의 (　)에 들어갈 漢字를 〈예〉에서 찾아 그 번호를 쓰세요. (79~81)

〈예〉　① 三　② 長　③ 道　④ 文　⑤ 春　⑥ 家

(79) 一(　)一短　　(80) 高速(　)路　　(81) (　)夏秋冬

6 다음 漢字와 뜻이 비슷한 漢字를 골라 그 번호를 쓰세요.(82~83)

(82) 村 — ① 登　　② 同　　③ 所　　④ 里

(83) 言 — ① 午　　② 語　　③ 面　　④ 主

7 다음에서 소리는 같으나 뜻이 다른 漢字를 골라 그 번호를 쓰세요.(84~85)

(84) 在 — ① 才　　② 定　　③ 本　　④ 晝

(85) 死 — ① 省　　② 社　　③ 李　　④ 樹

8 다음 뜻을 가진 단어를 쓰세요.(86~87)

〈예〉 쉬는 날 — 휴일

(86) 이긴 사람.　　　　　　(87) 급히 감.

9 다음 물음에 답하세요.(88~90)

(88)  ㉠획의 쓰는 순서를 아래에서 골라 번호를 쓰세요.
① 세 번째　　② 네 번째　　③ 다섯 번째　　④ 여섯 번째

(89)  ㉠획의 쓰는 순서를 아래에서 골라 번호를 쓰세요.
① 네 번째　　② 다섯 번째　　③ 여섯 번째　　④ 일곱 번째

(90)  ㉠획의 쓰는 순서를 아래에서 골라 번호를 쓰세요.
① 첫 번째　　② 두 번째　　③ 세 번째　　④ 네 번째

제3회 | 기출 및 예상문제(6급) [시험시간 : 50분]

1 다음 漢字語의 讀音을 쓰세요.(1~33)

〈예〉 漢字 → 한자

(1) 角度   (2) 強弱   (3) 空席   (4) 心身   (5) 樹林
(6) 多讀   (7) 公開   (8) 通信   (9) 言語   (10) 同意
(11) 班長 (12) 庭園 (13) 英特 (14) 全體 (15) 平和
(16) 名醫 (17) 會社 (18) 路線 (19) 遠近 (20) 對答
(21) 苦待 (22) 記者 (23) 銀行 (24) 發表 (25) 道理
(26) 圖書 (27) 科目 (28) 根本 (29) 後孫 (30) 安定
(31) 現在 (32) 集中 (33) 親族

2 다음 漢字의 訓과 音을 쓰세요.(34~55)

〈예〉 字 → 글자 자

(34) 窓   (35) 光   (36) 藥   (37) 淸   (38) 太
(39) 番   (40) 區   (41) 堂   (42) 頭   (43) 速
(44) 分   (45) 新   (46) 合   (47) 急   (48) 作
(49) 朝   (50) 風   (51) 字   (52) 音   (53) 明
(54) 高   (55) 野

3 다음 밑줄 친 漢字語를 漢字로 쓰세요.(56~75)

〈예〉 한자 → 漢字

(56) <u>추석</u>에는 송편을 먹습니다.

(57) <u>전기</u> 누전으로 화재가 발생했습니다.

기출 및 예상문제 6급

(58) 경기 시작에 앞서 <u>가수</u>가 애국가를 불렀습니다.
(59) <u>불편</u>한 사항이 있으면 언제든지 말하시오.
(60) 봄은 <u>만물</u>이 소생하는 계절입니다.
(61) <u>사방</u>을 둘러보았지만 아무도 없었습니다.
(62) 친구와 만날 약속 <u>장소</u>를 정했습니다.
(63) 어버이날에 <u>부모</u>님께 카네이션을 달아 드렸습니다.
(64) 우리는 <u>매월</u> 봉사 활동을 합니다.
(65) 방과 후에 <u>교실</u> 청소를 하였습니다.
(66) 이 물건은 <u>주인</u>의 허락 없이 함부로 만지면 안 됩니다.
(67) 우리는 <u>자연</u>의 혜택을 누리며 살고 있습니다.
(68) 그는 <u>선천</u>적으로 강한 체질이다.
(69) 독도는 우리 <u>국토</u>입니다.
(70) 삼촌은 작년에 대학에 <u>입학</u>했습니다.
(71) 우리 집 가훈은 '<u>정직</u>한 사람이 되자' 입니다.
(72) 우리나라는 <u>남북</u>으로 갈라진 분단 국가입니다.
(73) 길거리에서 <u>휴지</u>를 함부로 버리면 안 됩니다.
(74) 민간에 전해 오는 이야기를 <u>민화</u>라고 합니다.
(75) <u>청년</u>들이여 야망을 가지시오.

4 다음 漢字의 反對 또는 相對字(상대자)를 골라 번호를 쓰세요. (76~78)

(76) 大 — ① 出   ② 火   ③ 小   ④ 工
(77) 古 — ① 寸   ② 今   ③ 金   ④ 才
(78) 內 — ① 里   ② 下   ③ 立   ④ 外

5 다음 빈칸에 들어갈 漢字를 〈例〉에서 찾아 그 번호를 쓰세요. (79~81)

〈例〉 ① 死   ② 地   ③ 事   ④ 成   ⑤ 少   ⑥ 川

(79) 九(　)一生   (80) 門前(　)市   (81) 山(　)草木

6. 다음 漢字와 뜻이 비슷한 漢字를 골라 그 번호를 쓰세요. (82~83)

(82) 衣 — ① 食   ② 文   ③ 服   ④ 住
(83) 海 — ① 洋   ② 邑   ③ 來   ④ 陽

7. 다음에서 소리는 같으나 뜻이 다른 漢字를 골라 그 번호를 쓰세요. (84~85)

(84) 第 — ① 世   ② 題   ③ 注   ④ 勇
(85) 功 — ① 童   ② 京   ③ 章   ④ 共

8. 다음 뜻을 가진 단어를 쓰세요. (86~87)

〈예〉 쉬는 날 — 휴일

(86) 밤낮.   (87) 따뜻한 물.

9. 다음 물음에 답하세요. (88~90)

(88) 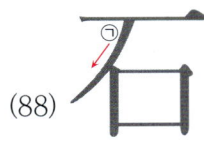 ㉠획의 쓰는 순서를 아래에서 골라 번호를 쓰세요.
① 두 번째   ② 세 번째   ③ 네 번째   ④ 다섯 번째

(89)  ㉠획의 쓰는 순서를 아래에서 골라 번호를 쓰세요.
① 네 번째   ② 다섯 번째   ③ 여섯 번째   ④ 일곱 번째

(90)  ㉠획의 쓰는 순서를 아래에서 골라 번호를 쓰세요.
① 세 번째   ② 네 번째   ③ 다섯 번째   ④ 여섯 번째

기출 및 예상문제 6급

제4회 기출 및 예상문제(6급) [시험시간 : 50분]

1 다음 漢字語의 讀音을 쓰세요.(1~33)

〈예〉 漢字 → 한자

(1) 開發 (2) 勝利 (3) 高級 (4) 感氣 (5) 溫室
(6) 話題 (7) 同窓 (8) 農藥 (9) 休戰 (10) 集會
(11) 表現 (12) 注入 (13) 反對 (14) 信用 (15) 放火
(16) 速度 (17) 樂園 (18) 直線 (19) 運動 (20) 強力
(21) 朝夕 (22) 病弱 (23) 科學 (24) 特急 (25) 分別
(26) 樹木 (27) 遠洋 (28) 不幸 (29) 草綠 (30) 各界
(31) 頭角 (32) 時計 (33) 古今

2 다음 漢字의 訓과 音을 쓰세요.(34~55)

〈예〉 字 → 글자 자

(34) 京 (35) 理 (36) 始 (37) 族 (38) 失
(39) 米 (40) 公 (41) 區 (42) 言 (43) 通
(44) 郡 (45) 雪 (46) 飮 (47) 風 (48) 近
(49) 死 (50) 向 (51) 多 (52) 身 (53) 禮
(54) 才 (55) 淸

3 다음 밑줄 친 漢字語를 漢字로 쓰세요.(56~75)

〈예〉 한자 → 漢字

(56) 수량에 대한 기초적인 셈법을 <u>산수</u>라고 합니다.
(57) 물음에 알맞은 <u>정답</u>을 고르시오.

(58) 이장님이 마을 주민들에게 새소식을 전달했습니다.

(59) 집을 비울 때는 대문이 잠겼는지 확인해야 합니다.

(60) 그는 생전 처음 본 사람입니다.

(61) 우리나라의 산천은 정말 아름답습니다.

(62) 국군 아저씨들에게 위문편지를 썼습니다.

(63) 외국의 문물을 무조건 받아들이기만 해서는 안 됩니다.

(64) 종로에서 뺨 맞고 한강에서 눈 흘긴다.

(65) 교통 사고 장면을 목격하였습니다.

(66) 속담은 옛적부터 내려오는 민간의 격언입니다.

(67) 날씨가 너무 추워서 외출할 수 없었습니다.

(68) 언니의 남편을 형부라고 합니다.

(69) 효자 · 효녀 학생들에게 상을 주었습니다.

(70) 옛 선인들의 발자취가 남아 있습니다.

(71) 민심이 평안해야 합니다.

(72) 추석 때는 조상님께 차례를 지냅니다.

(73) 차도를 건널 때에는 좌우를 잘 살펴야 합니다.

(74) 이 용지에 주소와 성명을 쓰시오.

(75) 우리는 쌀을 주식으로 합니다.

4 다음 漢字의 反對 또는 相對字(상대자)를 골라 번호를 쓰세요. (76~78)

(76) 老 — ① 全   ② 少   ③ 午   ④ 來

(77) 左 — ① 中   ② 有   ③ 足   ④ 右

(78) 天 — ① 地   ② 水   ③ 小   ④ 寸

5 다음 사자성어의 (　)에 들어갈 漢字를 〈例〉에서 찾아 그 번호를 쓰세요.(79~81)

〈例〉　① 年　② 家　③ 子　④ 心　⑤ 土　⑥ 東

(79) (　)孫萬代   (80) 作(　)三日   (81) (　)西南北

6 다음 漢字와 뜻이 비슷한 漢字를 골라 그 번호를 쓰세요.(82~83)

(82) 敎 — ① 術　② 便　③ 訓　④ 交
(83) 圖 — ① 畫　② 式　③ 章　④ 業

7 다음에서 소리는 같으나 뜻이 다른 漢字를 골라 그 번호를 쓰세요.(84~85)

(84) 衣 — ① 李　② 定　③ 銀　④ 意
(85) 夜 — ① 然　② 野　③ 每　④ 畫

8 다음 뜻을 가진 단어를 쓰세요.(86~87)

〈예〉 쉬는 날 — 휴일

(86) 책을 읽음.　　　　　(87) 밝은 달.

9 다음 물음에 답하세요.(88~90)

(88) 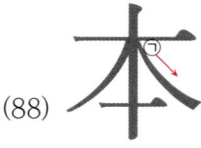 ㉠획의 쓰는 순서를 아래에서 골라 번호를 쓰세요.
① 두 번째　② 세 번째　③ 네 번째　④ 다섯 번째

(89) 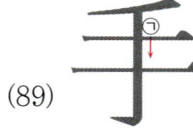 ㉠획의 쓰는 순서를 아래에서 골라 번호를 쓰세요.
① 첫 번째　② 두 번째　③ 세 번째　④ 네 번째

(90)  ㉠획의 쓰는 순서를 아래에서 골라 번호를 쓰세요.
① 다섯 번째　② 일곱 번째　③ 여덟 번째　④ 아홉 번째

제5회 │ 기출 및 예상문제(6급)

[시험시간 : 50분]

1 다음 漢字語의 讀音을 쓰세요.(1~33)

〈예〉 漢字 → 한자

(1) 失明 (2) 高度 (3) 野球 (4) 開會 (5) 注意
(6) 苦樂 (7) 共用 (8) 內科 (9) 發病 (10) 急速
(11) 語感 (12) 多幸 (13) 時代 (14) 童心 (15) 地理
(16) 便利 (17) 淸風 (18) 美男 (19) 特別 (20) 使命
(21) 計算 (22) 勇氣 (23) 金銀 (24) 名畫 (25) 黃土
(26) 形成 (27) 信號 (28) 平等 (29) 洋藥 (30) 家庭
(31) 同族 (32) 由來 (33) 圖表

2 다음 漢字의 訓과 音을 쓰세요.(34~55)

〈예〉 字 → 글자 자

(34) 訓 (35) 消 (36) 讀 (37) 角 (38) 作
(39) 在 (40) 綠 (41) 愛 (42) 陽 (43) 合
(44) 席 (45) 晝 (46) 神 (47) 各 (48) 孫
(49) 現 (50) 者 (51) 英 (52) 今 (53) 路
(54) 強 (55) 題

3 다음 밑줄 친 漢字語를 漢字로 쓰세요.(56~75)

〈예〉 한자 → 漢字

(56) 이야기 속에는 여러 인물이 <u>등장</u>합니다.
(57) 그 노인은 <u>수족</u>을 제대로 쓸 수가 없었습니다.

(58) 천하의 영재를 모아 교육합니다.

(59) 봄과 가을에 입는 옷을 춘추복이라고 합니다.

(60) 등교 시간에는 선생님께서 교문 앞에 서 계십니다.

(61) 동구에 오래된 은행나무가 서 있습니다.

(62) 이번주 휴일에 친구와 영화 구경하기로 했습니다.

(63) 바다에서는 해군이 나라를 지키고 있습니다.

(64) 만금을 준다 해도 하지 않을 것입니다.

(65) 해외의 많은 동포들이 조국을 그리며 살고 있습니다.

(66) 모든 백성이 잘 살도록 해야 합니다.

(67) 부모님에게 효도합시다.

(68) 북쪽과 서쪽을 북서라고 합니다.

(69) 마을 행사 때 읍장이 먼저 인사말을 했습니다.

(70) 공부를 자정 넘어까지 했습니다.

(71) 어떤 일이든 사전에 철저히 준비해야 합니다.

(72) 내가 제일 좋아하는 과목은 수학입니다.

(73) 이 일은 모든 것이 자동으로 처리됩니다.

(74) 울릉도 동남쪽에 있는 독도는 우리 땅입니다.

(75) 엘리자베스 2세는 영국 여왕입니다.

4 다음 漢字의 反對 또는 相對字(상대자)를 골라 번호를 쓰세요. (76~78)

(76) 先 — ① 後　② 每　③ 空　④ 立

(77) 問 — ① 字　② 間　③ 答　④ 話

(78) 入 — ① 千　② 出　③ 直　④ 少

5 다음 사자성어의 (　)에 들어갈 漢字를 〈例〉에서 찾아 그 번호를 쓰세요.(79~81)

〈例〉	① 面	② 水	③ 天	④ 電	⑤ 主	⑥ 林

(79) 山戰(　)戰　　　(80) (　)下第一　　　(81) 白(　)書生

6. 다음 漢字와 뜻이 비슷한 漢字를 골라 그 번호를 쓰세요.(82~83)

(82) 身 — ① 體   ② 親   ③ 夫   ④ 永

(83) 樹 — ① 目   ② 朴   ③ 木   ④ 村

7. 다음에서 소리는 같으나 뜻이 다른 漢字를 골라 그 번호를 쓰세요.(84~85)

(84) 反 — ① 本   ② 式   ③ 公   ④ 半

(85) 近 — ① 根   ② 放   ③ 古   ④ 堂

8. 다음 뜻을 가진 단어를 쓰세요.(86~87)

〈例〉 쉬는 날 — 휴일

(86) 모조리 이김.   (87) 아침과 저녁.

9. 다음 물음에 답하세요.(88~90)

(88)  ㉠획의 쓰는 순서를 아래에서 골라 번호를 쓰세요.
① 세 번째   ② 네 번째   ③ 다섯 번째   ④ 여섯 번째

(89)  ㉠획의 쓰는 순서를 아래에서 골라 번호를 쓰세요.
① 첫 번째   ② 두 번째   ③ 세 번째   ④ 네 번째

(90) 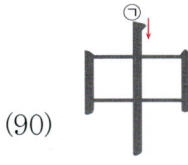 ㉠획의 쓰는 순서를 아래에서 골라 번호를 쓰세요.
① 첫 번째   ② 두 번째   ③ 세 번째   ④ 네 번째

기출 및 예상문제 | 정답(6급Ⅱ/6급)

6급Ⅱ

1회

#	답	#	답	#	답	#	답	#	답
1	직각	31	안정	63	女軍	13	언어	45	수풀 림
2	주소	32	도로	64	東大門	14	현장	46	아이 동
3	가족	33	오를 등	65	父母	15	작문	47	맑을 청
4	천재	34	예 고	66	三月	16	표면	48	효도 효
5	원근	35	눈 목	67	火山	17	등기	49	빠를 속
6	사장	36	믿을 신	68	先生	18	감동	50	물을 문
7	출발	37	아침 조	69	十日	19	전체	51	무리 등
8	식수	38	모일 회	70	兄	20	방향	52	빌 공
9	미국	39	목숨 명	71	南北	21	화제	53	구분할 구
10	계산	40	클 태 / 처음 태	72	④	22	부족	54	셈 산
11	외교	41	앞 전	73	⑥	23	용기	55	밝을 명
12	농사	42	돌 석	74	사람의 몸.	24	석유	56	다를 별/나눌 별
13	지구	43	말씀 어	75	말과 행동.	25	이유	57	몸 신
14	학급	44	많을 다	76	④	26	중간	58	모양 형
15	감기	45	실과 과	77	②	27	전반	59	바람 풍
16	수동	46	근본 본	78	③	28	야구	60	농사 농
17	성인	47	물건 물	79	①	29	정오	61	뿔 각
18	시민	48	올 래	80	②	30	편안	62	서울 경
19	자습	49	옮길 운			31	촌리	63	東南
20	집중	50	싸움 전	**2회**		32	전력	64	國民
21	휴교	51	종이 지	1	세계	33	각각 각	65	母校
22	평야	52	비로소 시	2	가구	34	무거울 중	66	軍人
23	부족	53	나눌 분	3	사업	35	법식 례	67	火山
24	광명	54	심을 식	4	고락	36	차례 제	68	三寸
25	편리	55	대신 대	5	주소	37	때 시	69	生日
26	정오	56	높을 고	6	평화	38	모을 집	70	兄弟
27	세계	57	기를 육	7	신용	39	뿌리 근	71	大王
28	서양	58	들을 문	8	지도	40	노래 가	72	①
29	활자	59	새 신	9	도로	41	빛 광	73	③
30	현재	60	쓸 용	10	과학	42	쌀 미	74	일반에게 개방함.
		61	옷 의	11	출석	43	밥 식 / 먹을 식		
		62	사이 간	12	장단	44	통할 통	75	여름철의 옷.

한자능력검정시험 6급Ⅱ/6급

76	③	26	반성	58	새 신	8	황색	40	옷 의
77	①	27	장면	59	다스릴 리	9	한강	41	편안 안
78	③	28	현대	60	여름 하	10	동의	42	다를 별/나눌 별
79	③	29	동화	61	셀 계	11	휴교	43	각각 각
80	④	30	활력	62	할아버지 조	12	동방	44	대신 대
		31	대답	63	南北	13	양지	45	물을 문
3회		32	고급	64	父母	14	작업	46	쌀 미
		33	들 야	65	軍人	15	야간	47	저녁 석
1	각도	34	이로울 리	66	大韓	16	중력	48	살 주
2	자연	35	빛 색	67	敎室	17	현재	49	은 은
3	형성	36	밥 식 / 먹을 식	68	兄弟	18	반장	50	쓸 용
4	해외	37	꽃 화	69	中國	19	형식	51	죽을 사
5	농촌	38	근본 본	70	靑年	20	식수	52	사귈 교
6	의술	39	믿을 신	71	四寸	21	영특	53	돌 석
7	정원	40	재주 재	72	①	22	사명	54	빠를 속
8	전선	41	다행 행	73	③	23	차주	55	옮길 운
9	전자	42	기록할 기	74	한군데로 모임.	24	신문	56	클 태 / 처음 태
10	실신	43	글 서 / 책 서	75	이긴 사람.	25	동심	57	바람 풍
11	사용	44	풀 초	76	①	26	고도	58	사내 남
12	효도	45	아름다울 미	77	③	27	근래	59	발 족
13	의복	46	말씀 언	78	②	28	광명	60	돌이킬 반
14	부분	47	맑을 청	79	③	29	시군	61	효도 효
15	예식	48	누를 황	80	④	30	내부	62	이룰 성
16	출입	49	기를 육			31	직전	63	七十
17	친족	50	사랑 애	**4회**		32	중립	64	萬民
18	특별	51	반 반			33	노래 가	65	先生
19	태양	52	사귈 교	1	후손	34	비로소 시	66	軍人
20	발표	53	기운 기	2	동물	35	장인 공	67	大門
21	번호	54	이제 금	3	실수	36	길 로	68	南北
22	공간	55	종이 지	4	주입	37	눈 목	69	三月
23	시작	56	마실 음	5	농사	38	수풀 림	70	兄弟
24	개방	57	있을 재	6	문장	39	머리 두	71	韓國
25	산수			7	명화				

기출 및 예상문제 | 정답(6급Ⅱ/6급)

72	⑤
73	④
74	여러 사람 앞에서 의견이나 생각을 말함.
75	강함과 약함.
76	①
77	④
78	①
79	②
80	①

5회

1	온수
2	지명
3	고문
4	자신
5	표현
6	수동
7	불행
8	휴전
9	음악
10	동성
11	황토
12	회사
13	본부
14	집합
15	승자
16	매사
17	시대
18	내과
19	농가
20	청산
21	용어
22	방심
23	선친
24	직선
25	강남
26	반대
27	영원
28	백미
29	내세
30	해상
31	역도
32	면장
33	느낄 감
34	높을 고
35	가을 추
36	몸 신
37	아침 조
38	내 천
39	예도 례
40	노래 가
41	병 병
42	짧을 단
43	밝을 명
44	아름다울 미
45	화할 화
46	뜻 의
47	마을 리
48	눈 설
49	저녁 석
50	열 개
51	나눌 분
52	들 야
53	임금 주/주인 주
54	반 반
55	뿌리 근
56	글자 자
57	물을 문
58	재주 재
59	말씀 화
60	향할 향
61	글 서 / 책 서
62	오를 등
63	生日
64	南大門
65	王國
66	火山
67	三寸
68	教室
69	學校
70	八月
71	父母
72	⑤
73	④
74	좋은 운수.
75	말실수.
76	④
77	①
78	①
79	④
80	①

6급 1회

1	성공
2	반성
3	시작
4	약초
5	선친
6	사회
7	의술
8	음악
9	방향
10	전선
11	감동
12	특별
13	하복
14	번호
15	통로
16	공용
17	승자
18	사업
19	실언
20	지도
21	주유
22	주야
23	신문
24	형식
25	현대
26	화합
27	문장
28	표면
29	식수
30	제목
31	급행
32	부분
33	대화
34	모을 집
35	들 야
36	과목 과
37	지경 계
38	이로울 리
39	뜰 정
40	다행 행
41	옮길 운
42	집 당
43	글 서 / 책 서
44	말미암을 유
45	누를 황
46	마실 음
47	눈 설
48	머리 두
49	사라질 소
50	쌀 미
51	겨레 족
52	열 개
53	푸를 록
54	있을 재
55	손자 손
56	大氣
57	農村
58	孝心
59	生命
60	日記
61	安全
62	秋冬
63	南北
64	食口
65	市場

66	老人	6	실신	38	기다릴 대	70	住民	10	동의
67	同時	7	작업	39	실과 과	71	千萬	11	반장
68	有力	8	집합	40	반 반	72	生活	12	정원
69	左右	9	대표	41	약할 약	73	草木	13	영특
70	王家	10	사례	42	친할 친	74	工場	14	전체
71	靑色	11	독서	43	공구	75	有名	15	평화
72	少年	12	영원	44	뿌리 근	76	①	16	명의
73	後世	13	태양	45	병 병	77	③	17	회사
74	不足	14	의복	46	통할 통	78	③	18	노선
75	兄弟	15	석유	47	겨레 족	79	②	19	원근
76	③	16	구별	48	눈 목	80	③	20	대답
77	④	17	동화	49	믿을 신	81	⑤	21	고대
78	②	18	공식	50	차례 제	82	④	22	기자
79	③	19	직각	51	서울 경	83	②	23	은행
80	④	20	온도	52	모양 형	84	①	24	발표
81	⑤	21	청산	53	모일 회	85	②	25	도리
82	②	22	이용	54	들을 문	86	승자(勝者)	26	도서
83	①	23	시조	55	강할 강	87	급행(急行)	27	과목
84	④	24	음식	56	空氣	88	②	28	근본
85	①	25	서양	57	市內	89	①	29	후손
86	고금(古今)	26	행운	58	男女	90	①	30	안정
87	다독(多讀)	27	의약	59	動物			31	현재
88	③	28	황색	60	兄弟	**3회**		32	집중
89	②	29	도화	61	來日	1	각도	33	친족
90	①	30	평야	62	山林	2	강약	34	창문 창
		31	이유	63	學問	3	공석	35	빛 광
2회		32	세계	64	王室	4	심신	36	약 약
1	창문	33	작년	65	便安	5	수림	37	맑을 청
2	개방	34	각각 각	66	重大	6	다독	38	클 태/ 처음 태
3	출석	35	손자 손	67	自立	7	공개	39	차례 번
4	신체	36	가르칠 훈	68	時間	8	통신	40	구분할 구
5	미술	37	뜻 의	69	全國	9	언어	41	집 당

기출 및 예상문제 | 정답(6급Ⅱ/6급)

42	머리 두	74	民話	14	신용	46	마실 음	78	①
43	빠를 속	75	靑年	15	방화	47	바람 풍	79	③
44	나눌 분	76	③	16	속도	48	가까울 근	80	④
45	새 신	77	②	17	낙원	49	죽을 사	81	⑥
46	합할 합	78	④	18	직선	50	향할 향	82	③
47	급할 급	79	①	19	운동	51	많을 다	83	①
48	지을 작	80	④	20	강력	52	몸 신	84	④
49	아침 조	81	⑥	21	조석	53	예도 례	85	②
50	바람 풍	82	③	22	병약	54	재주 재	86	독서(讀書)
51	글자 자	83	①	23	과학	55	맑을 청	87	명월(明月)
52	소리 음	84	②	24	특급	56	算數	88	③
53	밝을 명	85	④	25	분별	57	正答	89	④
54	높을 고	86	주야(晝夜)	26	수목	58	里長	90	④
55	들 야	87	온수(溫水)	27	원양	59	大門		
56	秋夕	88	①	28	불행	60	生前		5회
57	電氣	89	③	29	초록	61	山川	1	실명
58	歌手	90	②	30	각계	62	國軍	2	고도
59	不便			31	두각	63	文物	3	야구
60	萬物		4회	32	시계	64	漢江	4	개회
61	四方	1	개발	33	고금	65	場面	5	주의
62	場所	2	승리	34	서울 경	66	民間	6	고락
63	父母	3	고급	35	다스릴 리	67	外出	7	공용
64	每月	4	감기	36	비로소 시	68	兄夫	8	내과
65	敎室	5	온실	37	겨레 족	69	孝女	9	발병
66	主人	6	화제	38	잃을 실	70	先人	10	급속
67	自然	7	동창	39	쌀 미	71	平安	11	어감
68	先天	8	농약	40	공평할 공	72	祖上	12	다행
69	國土	9	휴전	41	구분할 구	73	車道	13	시대
70	入學	10	집회	42	말씀 언	74	姓名	14	동심
71	正直	11	표현	43	통할 통	75	主食	15	지리
72	南北	12	주입	44	고을 군	76	②	16	편리
73	休紙	13	반대	45	눈 설	77	④	17	청풍

18	미남	50	놈 자 / 사람 자	82	①
19	특별	51	꽃부리 영	83	③
20	사명	52	이제 금	84	④
21	계산	53	길 로	85	①
22	용기	54	강할 강	86	전승(全勝)
23	금은	55	제목 제	87	조석(朝夕)
24	명화	56	登場	88	③
25	황토	57	手足	89	②
26	형성	58	敎育	90	④
27	신호	59	春秋		
28	평등	60	校門		
29	양약	61	洞口		
30	가정	62	休日		
31	동족	63	海軍		
32	유래	64	萬金		
33	도표	65	祖國		
34	가르칠 훈	66	百姓		
35	사라질 소	67	孝道		
36	읽을 독/구절 두	68	北西		
37	뿔 각	69	邑長		
38	지을 작	70	子正		
39	있을 재	71	事前		
40	푸를 록	72	數學		
41	사랑 애	73	自動		
42	볕 양	74	東南		
43	합할 합	75	女王		
44	자리 석	76	①		
45	낮 주	77	③		
46	귀신 신	78	②		
47	각각 각	79	②		
48	손자 손	80	③		
49	나타날 현	81	①		

이수철

■약력
- 성균관대학교 사범대학 한문교육과
- 공주대학교 교육대학원 국어교육과
- 현 한영고등학교 교사

■저서
- 『제7차 교육과정 고등학교 漢文』 교과서/지도서(공저) – 正進出版社
- 『大入 學力 漢文』
- 『中國史로 풀어본 故事成語』
- 『2007 지름길 수능한문』

재미있는 어원으로 배우는
한자능력검정시험 6급(6급Ⅱ 포함)

편저자 이수철
발행인 박해성
발행처 정진출판사

초판 1쇄 발행 2007년 7월 10일
9쇄 발행 2023년 9월 20일

주소 서울특별시 성북구 하월곡동 10-6호
전화 (02) 917-9900(代)
Fax (02) 917-9907
E-mail JJ1461@chollian.net
Homepage www.jeongjinpub.co.kr
등록일 1989.12.20
등록번호 제6-95호
ISBN 978-89-5700-069-4 *13710

값 8,000원

Copyrights ⓒ2007, 正進出版社
출판사의 허락 없이 이 책의 일부 또는 전부를 무단 복사·복제·전재할 수 없습니다.
*잘못 만들어진 책은 구입하신 서점에서 교환해 드립니다.

정진출판사 한자학습서 안내

재미있는 원리로 배우는
한자능력검정시험 시리즈(전 5권)

쏙 쏙 머리에 들어오는 한자, **척척** 붙는 한자능력검정시험!

- 컴퓨터로 분석한 출제빈도 높은 활용어 정리
- 한눈에 들어오는 짜임새 있는 편집 체재
- 재미있는 한자의 구성 원리를 그림과 함께 해설
- 한자를 쓰면서 익힐 수 있도록 연습란 구성
- 기출 및 예상문제 5회분 수록

재미있는 원리로 배우는 **한자능력검정시험 8.7급** | 국배판 104면

재미있는 원리로 배우는 **한자능력검정시험 6급** | 국배판 112면(6급Ⅱ 포함)

재미있는 원리로 배우는 **한자능력검정시험 5급** | 국배판 120면

재미있는 원리로 배우는 **한자능력검정시험 4급** | 국배판 184면(4급Ⅱ 포함)

재미있는 원리로 배우는 **한자능력검정시험 3급** | 국배판 256면(3급Ⅱ 포함)

正進出版社 www.jeongjinpub.co.kr

그림으로 배우는 김삿갓 그림 千字文

陳東日 글/그림
4×6배판 본책 256면/부록 96면
정가 9,800원

천자문은 옛 우리 조상들이 한문을 배우는 데 있어 가장 먼저 습득해야 할 기본서이다. 하룻밤 사이에 1천 자를 4자 1구로 2백 50구를 만들고 나니 머리가 백발이 되었다 하여 백수문(白首文)이라고도 한다. 천자문은 구절구절이 곧 명시이며 인생의 심오한 철학·진리·역사가 함축되어 있다.

『김삿갓 그림천자문』은 이런 천자문을 단순 암기식에서 벗어나 만화 형태의 재미있는 그림을 통해 쉽게 기억될 수 있도록 하였으며, 아울러 요즘 날로 응시자 수가 급증하고 있는 한자능력검정시험에 대비할 수 있도록 1천 자에 대한 급수표시와 각 한자의 용례들을 시험에 실제 출제되었던 한자어들로 구성하였다.

- **재미있는 그림을 통한 한자익히기**
  쉽게 기억될 수 있도록 재미있는 그림으로 구성

- **한자능력검정시험 대비**
  급수표시 · 사자성어 · 한자능력검정용 3500자 정리

- **한눈에 들어오는 편집 체재**
  급수 · 음뜻 · 부수 · 총획수 · 필순 등을 일목요연하게 정리

- **책속의 책 특별부록**
  천자문을 쓰면서 익힐 수 있도록 별책으로 구성

이솝이야기로 풀어본 어린이 한자 공부
이야기 술술! 한자 쑥쑥!

지혜와 도덕심을 배울 수 있는 이솝이야기
이솝이야기는 우리들의 삶의 모습이 담겨 있다. 이야기 속에 나오는 동물이나 사람과 나를 비교하면서 가치있는 삶이 무엇인지를 되돌아볼 수 있다.

이제와는 전혀 다른 한자 학습방법
꿩 먹고 알 먹는 식의 한자 학습방법! 독서 따로 한자 공부 따로 할 필요가 없다. 이야기를 읽으면서 한자도 알고 언어력도 키울 수 있다.

한자능력검정시험 완전대비
각 한자에 대한 음훈 · 부수 · 총획수 등을 알아보기 쉽게 정리하였다. 또한 시험에 자주 나오는 한자어를 중복 없이 풀이와 함께 수록하였다.

배운 한자를 완벽하게 익힐 수 있는 연습란
한자를 익히기 위한 가장 좋은 방법은 이미 배운 한자를 반복해서 많이 보고 그 다음 많이 써 보는 것이다.

간편하게 들고 다니면서 익힐 수 있는 한자 그림카드
본문에 나온 한자를 책 뒷부분에 그림과 함께 따로 정리하였다. 언제 어디서나 간편하게 들고 다니면서 한자를 익힐 수 있도록 카드 형태로 만들었다.

한자능력검정시험 8급대비 이야기 술술! 한자 쑥쑥! ❶ | 4×6배판 146면 정가 8,000원

한자능력검정시험 7급대비 이야기 술술! 한자 쑥쑥! ❷ | 4×6배판 200면 정가 8,000원

정진출판사는 좋은 책을 만들기 위해 늘 최선을 다하고 있습니다.

http://www.jeongjinpub.co.kr

급수별 완전정복
한자능력검정용 3500자

한자능력검정시험을 준비하는 사람들을 위한 완벽 대비서!

- 8급에서 1급까지의 각 고유한자를 단계적으로 학습할 수 있도록 급수별로 정리한 후 각 한자에 대한 음훈, 부수, 총획수, 필순, 활용어 등을 한눈에 알아볼 수 있도록 구성하였다.
- 이 책에 수록된 한자어는 출제 빈도수 36회의 兄弟를 비롯해서 2회인 人口와 빈도 1회 및 출제 예상되는 한자어 등 모두 10,000여 단어가 중복 없이 해당 급수에 맞게 짜여져 있다.
- 해당 급수에 맞는 한자어를 철저히 분석하여 실었다. 예를 들어, 文房四友의 경우를 보면, 文은 7급, 房은 4급Ⅱ, 四는 8급, 友는 5급이다. 따라서 文房四友는 4급Ⅱ 이상의 급수 시험에만 나올 수 있는 성어이므로 房자의 용례에 실었다.
- 학습자의 부담을 최소화하기 위해 반드시 알아두어야 할 한자어만 싣고, 출제 빈도 2회 이상인 한자어는 색으로 구분하였다.

[편집부 편저/신국판 384면]
정가 : 9,500원

컴퓨터 분석
한자능력검정용 3500자

과거 10회에 걸쳐 실제 출제되었던 한자어와 출제 예상되는 한자어들을 컴퓨터로 철저하게 분석하여 가장 효율적이면서도 과학적으로 학습할 수 있도록 엮은 한자 정복의 결정판!

- 기출 및 출제 예상 한자어를 컴퓨터로 철저히 분석하여 빈도순에 따라 정리하였다.
- 학습자의 학습 부담을 최대한 줄여 주기 위해 빈출 한자어를 색으로 구분하였다.
- 각 한자에 대한 음훈 · 부수 · 총획수 · 장음 · 약자 · 필순 · 활용어 등을 일목요연하게 정리하였다.
- 급수 단계별로 시험에 응시할 수 있도록 해당 급수에 맞는 활용어로만 중복 없이 정리하였다.

[편집부 편저/4×6판 304면]
정가 : 7,500원

21세기 1800한자
펜글씨 교본

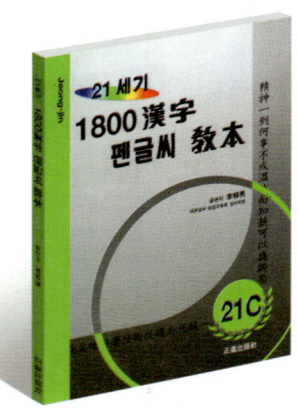

- 교육부 지정 기초한자 1,800자를 4자숙어와 고사성어로 엮어 가나다순으로 배열하고 각각의 음과 훈, 부수와 획수, 필순을 밝혀 그 뜻을 풀이해 주었다.
- 두 페이지마다 고사성어의 유래를 밝혀 놓았다. 이 고사성어를 재미있고 유효 적절하게 응용해 보면, 늘 화제가 풍부하며 유머러스한 생활을 즐기게 될 것이다.
- 매 페이지마다 하단에 중국의 4서인 『논어』『맹자』『대학』『중용』과 『명심보감』 등에서 좋은 문장을 골라 해설해 놓음으로써 한자 문장의 이해를 돕게 해 주었다. 그리고 더 풍부한 한자의 응용을 위해 반대 · 상대의 뜻을 가진 한자, 둘 이상의 음을 가진 한자, 모양이 비슷한 한자, 잘못 읽기 쉬운 한자 등을 수록해 놓았다.
- 권말에 '이력서', '자기소개서' 등 각종 서식을 실어 실생활에서 효과적으로 활용할 수 있도록 하였다.

[이상남 지음/4×6배판 176면]
정가 : 5,500원

고사성어 · 천자문 · 한글 펜글씨도 있습니다.